Anne Hartmann / Silke Klöver

„Die Geburtsstunde der Gummibärchen"

Mit originellen Sachtexten die Lesekompetenz steigern

5./6. Klasse

EDITION MoPäd

Die Autorinnen:

Dr. Anne Hartmann – studierte in Münster und Bochum Germanistik und Slawistik. Nach der Promotion arbeitete sie als Deutschlektorin und -dozentin in Lüttich und Namur (Belgien) und ist seit 1988 als Wissenschaftliche Mitarbeiterin an der Ruhr-Universität Bochum tätig. Zahlreiche wissenschaftliche Publikationen, Übersetzungen und Anthologien.

Dr. Silke Klöver – studierte in Münster Slawistik, osteuropäische Geschichte und Anglistik. Anschließend arbeitete sie an einer Londoner Schule und in der deutschen Erwachsenenbildung. Von 1990 bis 1996 war sie als Lektorin an Hochschulen in Sibirien und Moskau tätig. Daneben Übersetzungstätigkeit und Erarbeitung von Studienmaterialien für Deutsch als Fremdsprache. Seit 1996 ist sie Projektleiterin in der internationalen Zusammenarbeit.

Von diesen Autorinnen bereits in der Edition MoPäd erschienen:

• Deutsch mit schrägen Gedichten und komischen Fotos – Sekundarstufe I (ISBN 978-3-8344-0321-6)
• Rechnen mit spannenden Geschichten im Zwanziger- und Hunderterraum (ISBN 978-3-8344-0283-7)
• Rechnen mit spannenden Geschichten – 3./4. Schuljahr (ISBN 978-3-8344-0005-5)
• Rechnen mit schrägen Geschichten – Sekundarstufe I (ISBN 978-3-8344-0559-3)

Gedruckt auf umweltbewusst gefertigtem, chlorfrei gebleichtem und alterungsbeständigem Papier.

2. Auflage 2008
Nach den seit 2006 amtlich gültigen Regelungen der Rechtschreibung.
© by Edition MoPäd in der Persen Verlag GmbH, Buxtehude
Alle Rechte vorbehalten.

Illustrationen: Gisela Bongardt, Bochum
Satz: media.design, Neumünster

ISBN 978-3-8344-**0334**-6

www.mopaed.de

Inhalt

Vorwort

Ob Luftpumpe, Porzellan oder Gummibärchen – es gibt Dinge, die jedes Kind kennt, aber die wenigsten wissen, wer sie wann und wo erfand. Wir sorgen für Aufklärung, berichten über berühmte und wenig bekannte Erfinder und ihr Werk! Doch ist dies keins der üblichen Erfinderbücher. Wir wollen die Augen öffnen für eine Zeit, als das heute Alltägliche noch neu war, und einladen, mit uns und Kolumbus Amerika zu entdecken, der Geschichte des Gummis auf den Grund zu gehen, die Karriere der Kartoffel und der Mutter aller Nudeln zu verfolgen, zu beobachten, wie die Wollhandkrabbe Wolly, Römers Radieschen und die Kolonialware Kakao bei uns heimisch wurden, und vieles andere mehr. Es gibt auch reichlich Diskussionsstoff, denn was passiert, wenn das Neue alt wird, Importe und Erfindungen unerwünschte Nebenwirkungen haben und alles schon entdeckt ist?

Die Sachtexte des Bandes erzählen spannende und witzige Geschichten, die auch an Literatur wenig interessierte Schülerinnen und Schüler ansprechen und motivieren, intensiv zu lesen und sich auf die Texte einzulassen. Die Aufgaben der Kopiervorlagen sind so vielfältig gestaltet, dass Lesen, Verstehen, Schreiben, Erzählen, Recherchieren, Argumentieren, Analysieren und Interpretieren umfassend trainiert werden, ohne dass sich – so hoffen wir – die lehrbuchtypische Langeweile einstellt.

Ein Anliegen ist die Vermittlung und Übung von Lesestrategien und allgemeinen Arbeitstechniken, ein weiteres Ziel die Sensibilisierung für informierende, an Fakten orientierte Texte im Unterschied zu unterhaltsamen, fiktionalen Texten sowie die zugehörigen Stilmittel und Intentionen. Natürlich gibt es auch den einen oder anderen Ausflug in die Literatur, die Welt der Medien und das Lebensumfeld der Kinder.

Zugleich können Sie als Lehrer/-in sicherstellen, dass alle Kinder Ihrer 5. bzw. 6. Klasse über vergleichbare Fertigkeiten verfügen.

Einfach und schnell die passende Übung finden? Der übersichtliche Bezug der Einzelaufgaben auf die Kompetenzbereiche der KMK-Bildungsstandards am Anfang jedes Kapitels macht das möglich. Zudem ist dort für jede Aufgabe symbolisch angegeben, ob es sich um einen kurzen, mittellangen oder längeren Text handelt und welchen Schwierigkeitsgrad (in 3 Stufen) die Aufgabe hat:

Textumfang:	Schwierigkeitsgrad:
■ – kurz (weniger als $\frac{1}{2}$ Seite)	★ – einfach
■■ – mittel ($\frac{1}{2}$ bis 1 Seite)	★★ – mittel
■■■ – lang (mehr als 1 Seite)	★★★ – schwierig

Alles oder nichts? Weniger ist mehr? Die Teilkapitel sind bewusst unterschiedlich umfangreich gestaltet, sowohl hinsichtlich des Textumfangs als auch bezüglich der Anzahl und Komplexität der Aufgaben(folgen). Natürlich können Sie jederzeit einzelne Texte und Aufgaben auswählen und anbieten.

Unser besonderer Dank gilt Kristina Poncin vom Persen Verlag für ihr so sorgfältiges wie engagiertes Lektorat, das unserem Textmassiv erst den didaktischen Feinschliff verliehen hat, sowie Gisela Bongardt, die mit ihren Illustrationen unsere Figuren erst zu wahrem Leben verholfen und unsere Ideen kreativ umgesetzt hat.

Anne Hartmann & Silke Klöver

I Aller Anfang ist schwer?

Aufgabenübersicht: Textumfang, Schwierigkeitsgrad und Bezug auf KMK-Bildungsstandards

1 Wer ist wer?
■　　★　　Berufsgruppen zuordnen, Wortbedeutungen klären, begründete Schlussfolgerungen ziehen

2 Wer (er)fand was?
■■■　★★　　Lückentext mit vorgegebenen Lückenwörtern: Leseerwartungen und -erfahrungen nutzen

3 Vom Geistesblitz zum Verkaufsschlager
1　■■　★★　　Wortbedeutungen klären (Wörterbuch)
2　■　★★★　　Sachlichen oder anpreisenden Text verfassen (Gruppenarbeit): Textfunktionen unterscheiden, nichtlineare Texte auswerten/nutzen
3　■　★　　Nobelpreisfrage: Recherchieren

4 Genie oder Trottel?
1　　★　　Vermutungen formulieren, Leseerwartungen aufbauen
2　■　★　　5 Witze: Satzzeichen und Zeichen wörtlicher Rede ergänzen
3　■■　★　　Comics über Erfinder suchen
4　■　★★　　Steckbrief über einen Comic-Helden verfassen: Personen-/Figurenbeschreibung
5　　★★　　„Wer bin ich?"-Quiz zu Comic-Figuren (Gruppenarbeit): Leseerfahrungen nutzen, Personen- und Figurenbeschreibung

1   Wer ist wer?

„Unsereins", sagte A stolz, „hat die Meere erkundet, ist in fremde
Länder vorgestoßen, hat sich bis zum Nord- und Südpol vorgekämpft
und ist sogar auf dem Mond gelandet. Nur richtig, dass man uns
Denkmäler errichtet, Schulen und Straßen nach uns benannt hat.
Viele Bücher preisen uns als kühn und unerschrocken ..."

„Nun ja", fiel ihm B ins Wort, „mag sein, dass ihr berühmt seid, aber ihr habt auch
für viel Unheil gesorgt, denn nach euch kamen oft Männer, die Unterdrückung und
Ausbeutung brachten. Und außerdem", fügte er triumphierend hinzu, „habt ihr inzwischen ja alles in Augenschein genommen. Nichts Neues mehr auf der Erde. Euer
Werk ist getan! Wir dagegen sind auch heute noch nützlich. All die Apparate und
Dinge, die ihr täglich benutzt, habt ihr uns zu verdanken. Unsere Namen stehen
ebenso im Lexikon wie eure."

Da mischte sich C ein: „Das stimmt zwar, aber ohne uns, die
wir geduldig, ohne persönlichen Ruhm, meist ungenannt,
eure Ideen weiterentwickeln, in der Praxis erproben und ver-
vollkommnen, würde wohl nicht viel davon übrig bleiben.
Die meisten würden wie ein Feuerwerk verpuffen."

„Ohne Geduld geht es nicht", stimmte D zu, „aber auch nicht ohne das
Geld, die Maschinen, Labors und Hallen, die wir zur Verfügung stellen,
damit ihr tüfteln könnt. Ohne uns käme es gar nicht dazu, dass die Menschen wirklich von euren Ideen profitieren können."

„Alles gut und schön", ergriff zum Schluss E das Wort,
„aber wenn wir nicht für euch forschen und alles tun
würden, um eure Lebenserwartung kräftig zu verlän-
gern, dann bliebe euch nur wenig Zeit, den Fortschritt
zu genießen."

Wer spricht hier im Namen welcher „Gruppe"?
Ordne den Sprechern A, B, C, D, E und den von B geschilderten Leuten eine Bezeichnung
(manchmal sind auch mehrere möglich) aus dem folgenden Kasten zu:

Fabrikant – Eroberer – Tüftler – Wissenschaftler – Techniker – Unternehmer –
Entdecker – Forscher – Produktentwickler – Ingenieur – Pionier – Erfinder

---

A. Hartmann/S. Klöver: „Die Geburtsstunde der Gummibärchen"
© Edition MoPäd

2   Wer (er)fand was?

Der Entdecker- und Erfinderhimmel:

Nobelpreise   Schießpulver

Blitzableiter   Wilhelm Conrad Röntgen

Ferdinand Graf von Zeppelin   Johannes Gutenberg   Pasteurisierung

Windows   Relativitätstheorie   Dampfmaschine

Nikolaus Kopernikus   Bill Gates   Rudolf Diesel   Marie Curie

Archimedes von Syrakus   Papier   Gravitationsgesetz

Michail Kalaschnikow   Christoph Kolumbus   Schießpulver

Wright   Porzellan   Glühbirne

Im Entdecker- und Erfinderhimmel findest du alle Lösungsworte.
Kannst du sie richtig zuordnen?
Wer oder was war's?

a) Dank Benjamin Franklins (1706–1790) Erfindung kann der Blitz nicht in unsere Häuser fahren:

_____.

b) Thomas Edison (1847–1931) haben wir zu verdanken, dass uns allabendlich ein Licht aufgeht:

_____.

c) Eigentlich war er (1451–1506) auf der Suche nach Indien, fand dann aber Amerika (so kommt es,

dass dessen Ureinwohner bis heute Indianer heißen): _____.

d) James Watt (1736–1819) machte den Maschinen Dampf und der Technikgeschichte Beine:

_____.

e) _____ (1845–1923) entdeckte die nach ihm benannten Strahlen,

mit denen der Arzt dich durchleuchten kann.

f) Den Chinesen haben wir viel zu verdanken, u.a. haben sie entwickelt, wovon wir essen

(_____) und worauf wir schreiben (_____), möglicherweise auch das, was

Berthold Schwarz (siehe l) ebenfalls entdeckt hat: (_____).

g) _____ (1397–1468) läutete ein neues Zeitalter ein, indem er den Buchdruck

mit beweglichen Lettern erfand.

h) _____ (*1955) hat zum Ende dieser Ära (siehe g) beigetragen, indem er durch das neue

Betriebssystem _____ für die allseitige Verbreitung des Computers sorgte.

i) Ein Adeliger mit Namen _____ (1838–1917) erfand eine fliegende Zigarre,

die nach ihm benannt ist.

j) _____ (1473–1543) fand heraus, dass sich die Planeten, auch die Erde,

auf Kreisbahnen um die Sonne bewegen (was dachte man wohl vorher?).

k) Albert Einstein (1879–1955) wurde berühmt durch die sogenannte _____, die das

Verständnis von Raum und Zeit revolutionierte.

l) Berthold Schwarz mischte um 1353/54 zufällig ein explosives Pulver zusammen:

das _____ .

m) Und der Russe _____ (*1919) entwickelte mit dem nach ihm benannten

Maschinengewehr ein leider weltweit verbreitetes Produkt.

n) Nach etlichen weniger erfolgreichen Versuchen gelang es Orville (1871–1948) und Wilbur

(1867–1912) _____ 1903 endlich, sich mit einem Motorflugzeug 12 Sekunden in der Luft zu

halten.

o) Louis Pasteur (1822–1895) entdeckte, dass durch die kurzzeitige Erhitzung von Lebensmitteln ein

Großteil der darin enthaltenen Keime abgetötet wird; das Verfahren heißt _____ .

p) _____ (1858–1913) entwickelte einen nach ihm benannten Motor, der auch

heute in vielen Autos läuft und beim Tanken genügsam ist.

q) Isaac Newton (1643–1727) entdeckte ein Naturgesetz, das die gegenseitige Anziehung von Massen,

umgangssprachlich: das Prinzip der Schwerkraft, beschreibt, das _____ .

r) Demgegenüber hatte _____ (287–212 v. Chr.) schon lange vor Newton

das Prinzip des Auftriebs entdeckt und herausgefunden, wie man das spezifische Gewicht eines

Gegenstands bestimmen kann.

s) Die polnisch-französische Wissenschaftlerin _____ (1867–1911) – endlich mal eine Frau

im Entdeckerhimmel – erregte mit ihren Arbeiten über die Radioaktivität Aufsehen und erhielt gleich

zwei _____ .

3 Vom Geistesblitz zum Verkaufsschlager

Vom Geistesblitz zum Verkaufsschlager ist es ein langer Weg. Ihr findet in den folgenden Wortkästen Material für die einzelnen Etappen.

❶ *Kennt ihr alle Wörter? Sonst schlagt sie bitte im Duden nach.*

❷ *Bildet zwei Gruppen: Die eine soll einen sachlichen, rein beschreibenden Text verfassen, die andere einen Text entwerfen, der den „Macher", den Vorgang und das Ergebnis in den höchsten Tönen anpreist:*

Beispiel:

> Ⓐ Fritz Müller wollte schon in jungen Jahren Erfinder werden und arbeitete hart, um sein Berufsziel zu erreichen.

> Ⓑ Schon der junge Fritz Müller malte sich aus, als Erfinder weltberühmt zu werden, und experimentierte Tag und Nacht, unermüdlich, um seinen Lebenstraum zu verwirklichen.

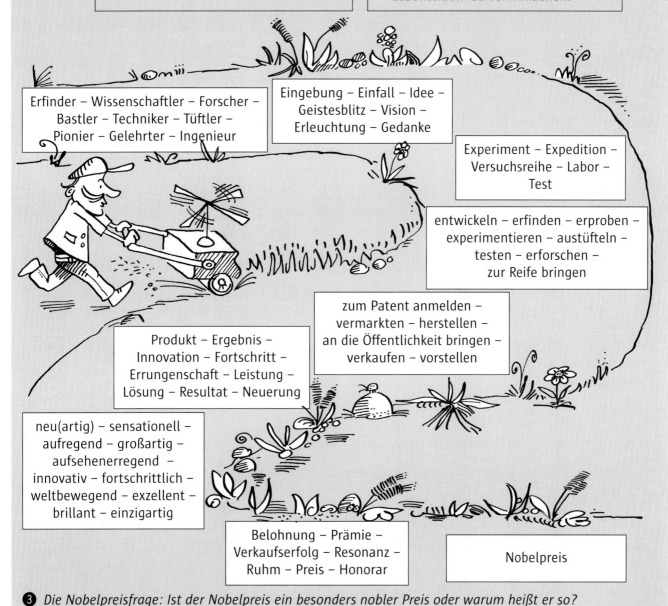

> Erfinder – Wissenschaftler – Forscher – Bastler – Techniker – Tüftler – Pionier – Gelehrter – Ingenieur

> Eingebung – Einfall – Idee – Geistesblitz – Vision – Erleuchtung – Gedanke

> Experiment – Expedition – Versuchsreihe – Labor – Test

> entwickeln – erfinden – erproben – experimentieren – austüfteln – testen – erforschen – zur Reife bringen

> zum Patent anmelden – vermarkten – herstellen – an die Öffentlichkeit bringen – verkaufen – vorstellen

> Produkt – Ergebnis – Innovation – Fortschritt – Errungenschaft – Leistung – Lösung – Resultat – Neuerung

> neu(artig) – sensationell – aufregend – großartig – aufsehenerregend – innovativ – fortschrittlich – weltbewegend – exzellent – brillant – einzigartig

> Belohnung – Prämie – Verkaufserfolg – Resonanz – Ruhm – Preis – Honorar

> Nobelpreis

❸ *Die Nobelpreisfrage: Ist der Nobelpreis ein besonders nobler Preis oder warum heißt er so? Wo wird er verliehen? Von wem? Wie oft? Und für welche Leistungen?*

4 Genie oder Trottel?

Genies werden bewundert, gelten allgemein aber auch als ein wenig wunderlich und weltfremd.

❶ *Woher kommt das wohl? Kannst du das erklären?*

Der zerstreute Professor ist geradezu eine Witzfigur.
Hier eine kleine Auswahl an Witzen – vielleicht kennt ihr ja noch mehr:

> a) Der zerstreute Professor stellt sich der Klasse vor Habe drei Töchter alle Mädchen
>
> b) Der Student trifft seinen Professor und fragt Herr Professor darf ich Ihnen meine Frau vorstellen Danke sagt der zerstreute Professor Ich habe selber eine
>
> c) Die Zimmerwirtin macht den zerstreuten Professor darauf aufmerksam dass er einen roten und einen gelben Strumpf trägt Der Professor Und soll ich Ihnen etwas ganz Unglaubliches erzählen Zu Hause habe ich noch so ein Paar
>
> d) Der zerstreute Professor erkennt seine Besucherin nicht Sie will ihm auf die Sprünge helfen Ich bin die Studentin die Sie einmal heiraten wollten Interessant Und habe ich es getan
>
> e) Der zerstreute Professor steigt in einen überfüllten Bus Sofort steht ein kleiner Junge auf und bietet ihm seinen Platz an Das ist aber nett mein Kleiner freut sich der Professor Wie heißt du denn Klaus Papa

❷ *Oh je, hier war ja offenbar auch ein zerstreuter Professor am Werk –*
alle Satzzeichen sind verschwunden! Setze sie bitte wieder ein.

Kaum verwunderlich, dass der zerstreute Professor oder weltfremde Erfinder auch zum Comic-Helden wurde.
Wahrscheinlich kennst du Daniel Düsentrieb und sein Helferlein oder Professor Bienlein, der für Tim und Struppi seltsame Apparate konstruiert, und den alten Petterson, der zusammen mit seinem Kater Findus ganz schön findig ist.

❸ *Schau mal zu Hause in deinen Comics nach und bringe zur nächsten Stunde eine Erfindergeschichte mit (aber bitte den anderen nicht zeigen!).*

Wie ist er/sie eigentlich? Klug, einseitig, trottelig, sonderbar, fleißig … Adjektive helfen, treffend zu charakterisieren!

❹ *Erstelle von deinem Comic-Erfinder-Helden einen Steckbrief, mit dem du ihn vorstellen und beschreiben kannst.*

❺ *Veranstaltet ein „Wer bin ich?"-Quiz.*
Stellt reihum eure Heldinnen und Helden vor, ohne aber die Namen zu nennen.
Die anderen sollen aufschreiben, um wen es sich wohl handelt.
Eine Figur wird mehrmals vorgestellt? Um so besser! Dann wird es spannend,
welche Beschreibung die genaueste ist und am schnellsten geraten wird.

A. Hartmann/S. Klöver: „Die Geburtsstunde der Gummibärchen"
© Edition MoPäd

II Erfindungen und Entdeckungen

Aufgabenübersicht: Textumfang, Schwierigkeitsgrad und Bezug auf KMK-Bildungsstandards

1 Er fand, was er nicht suchte: Kolumbus entdeckt Amerika

1	■■■	★	Lückentext mit je 3 unflektierten Wörtern zur Wahl, Textfunktionen (wertend, informativ) in Wortwahl berücksichtigen
2	■■■	★★	Wortwahl in Lückentext vergleichen und begründen (Partner-, Gruppenarbeit)
3	■	★	Wortpuzzle: Komposita bilden, vorbereitende Wortschatzarbeit für Diskussion
4	■	★★	Theaterstück schreiben und spielen zu kurzer Anekdote (Gruppenarbeit), aus Beschreibung einen Dialog und Handlungsanweisungen ableiten, Informationen konkretisieren und ausschmücken

2 Geheimnisvoll und zerbrechlich: das Porzellan

1	■	★	Lückentext, selektiv lesen, wesentliche Informationen markieren, Fragen beantworten
2	■	★	Wortbedeutung klären
3	■	★	Recherche zu Porzellanmarken (Namen und Markenzeichen)
4	■	★★	Muster auf Teekanne (Gruppenarbeit): Beschreibung formulieren und genau befolgen

3 Vulkanisation: von Gummistiefeln und Autorennen

1		★	GUMMI-Brainstorming, Vorwissen aktivieren, Leseerwartungen aufbauen
2	■	★	Wortbedeutungen zu markierten Wörtern klären, Antworten schriftlich festhalten
3	■■■	★	„Roten Faden" erstellen, zentrale Stichwörter notieren
4	■■■	★★	Fragen zum Text beantworten, selektiv nachlesen
5	■■■	★★	Meilensteine auf Zeitleiste anordnen, selektiv nachlesen, Informationen vergleichen, begründet Schlussfolgerungen ziehen

4 Das starke Nichts: Herr von Guericke und sein Vakuum

1	■■	★	Kurzbiografien vergleichen und auf Biografie-Pfeil einordnen: Textfunktionen und -sorten unterscheiden, Intentionen erkennen, zwischen Informieren und Unterhalten bzw. zwischen Fakten und Fiktion unterscheiden
2	■	★★	Mögliche Stilmerkmale von Biografien, an denen man unterschiedliche Textfunktionen erkennen kann (von rein informierend bis fiktional), Einordnung der Merkmale auf Biografie-Pfeil
3	■■	★★	Unterscheidungsmerkmale der beiden Kurzbiografien nennen, Textfunktionen und -sorten unterscheiden, Intentionen erkennen, zwischen Informieren und Unterhalten bzw. zwischen Fakten und Fiktion unterscheiden
4	■	★★	Anekdote verfassen, dazu vorbereitend Interview mit Familienmitglied mithilfe eines Biografie-Fragebogens, bewusste Wahl von vorher erarbeiteten Stilmitteln
5	■■	★★	„Stimmt das?"-Quiz zu Text: selektiv nachlesen, Informationen vergleichen, begründete Schlussfolgerungen ziehen

5 Google, die große Suchmaschine

1	■■	★★	Praxistest (Suchaufgaben): Medien nutzen, Suchstrategien kennenlernen
2	■■	★★★	Begriffe aus Text heraussuchen, im Internet klären, Fehler aus Text korrigieren und Ungereimtheiten klären, Internet nutzen, Informationen unterschiedlicher Quellen (Text, Suchmaschine) vergleichen, begründet Schlussfolgerungen ziehen
3	■	★★	Gruppendiskussion, Textfunktionen und Intentionen erkennen, argumentieren, begründet Schlussfolgerungen ziehen

1 Er fand, was er nicht suchte: Kolumbus entdeckt Amerika

Es war eine _____ (nervig, öde, langweilig) Aufgabe, _____ (unentwegt, ständig, pausenlos) aufs Wasser zu _____ (glotzen, stieren, starren). Doch plötzlich _____ (aufwachen, hochschrecken, auftauchen) der Matrose, der _____ (ausgekühlt, cool, verfroren) im Mastkorb der Karavelle *Pinta* Ausschau hielt, aus seinen _____ (missmutig, wenig charmant, unfreundlich) _____ (Mutmaßungen, Gedanken, Grübeleien) _____ .

Weit im Westen _____ (sehen, betrachten, erspähen) er eine weiße Linie, _____ (die Kante, den Saum, den Rand) einer Küste. „Land in _____ (Blickweite, der Nähe, Sicht)!" _____ (brüllen, rufen, schreien) der Matrose.

_____ (die ganze Besatzung, das ganze Personal, die ganze Belegschaft) lief an Deck zusammen – nur Kolumbus _____ (weilt nicht unter ihnen, ist nicht dabei, gehört nicht dazu):

Er _____ (fahren, reisen, schippern) nämlich auf einem anderen _____ (Kahn, Boot, Schiff), der *Santa Maria,* doch als _____ (Chef, Befehlshaber, Anführer) der kleinen Flotte kommt ihm bis heute _____ (die Geltung, der Ruhm, der Ruf) und der/die entsprechende _____ (Rolle, Ort, Platz) in den Geschichtsbüchern zu, das unbekannte Land entdeckt zu haben.

Drei Monate _____ (eher, zuvor, vorher) war er von einem spanischen Hafen aus _____ (losbrettern, in See stechen, starten), um auf einer neuen _____ (Piste, Route, Fährte) nach Hinterindien zu gelangen, aber bei dem Küstenstreifen, dessen Anblick der _____ (unbekannt, unwichtig, vergessen) Matrose am Morgen des 12. Oktober 1492 _____ (verheißen, melden, ausrufen), handelte es sich nicht um Indien, sondern AMERIKA, _____ (eigentlich, im

A. Hartmann/S. Klöver: „Die Geburtsstunde der Gummibärchen"
© Edition MoPäd

Detail, genauer) um die Insel San Salvador. Kolumbus hatte sich also _____ (groß-artig, grandios, brillant) vertan!

Dabei war Kolumbus _____ (überhaupt nicht, mitnichten, keineswegs) der erste _____ (Tourist, Fernfahrer, Reisende), der nach Amerika kam. Jene _____ (Menschen, Leute, Bewohner), die man bis heute – dem _____ (Fehler, Versehen, Irrtum) des Kolumbus folgend – Indianer _____ (heißen, nennen, taufen), hatten bereits 10.000 Jahre vor ihm von Asien aus den Kontinent _____ (bevölkern, besiedeln, einnehmen). Und _____ (vor allem, besonders, sogar) Europäer, nämlich Wikinger, hatten _____ (erst, noch, schon) im Jahre 992 in Neufundland ein/eine _____ (Behausung, Lager, Siedlung) gegründet ...

Die _____ (Funktion, Bedeutung, Rolle) des Kolumbus ist also lange _____ (überbewertet, übertreiben, überschätzen) worden; auch ist/sind inzwischen _____ (Verdacht, Zweifel, Misstrauen) aufgekommen, ob er ein _____ (redlich, echt, wahr) Entdecker war, den nur die Neugier _____ (treiben, stoßen, anspornen), oder ob ihn nicht ganz andere, eher _____ (selbstsüchtige, unlautere, unsaubere) Motive bewegten. Die ihm auf seinen _____ (Fährte, Weg, Spur) folgten, suchten jedenfalls nicht mehr das Neue, sondern sie waren _____ (hungrig, gierig, verrückt) nach Gold, Macht und Reichtum. Mit Hernán Cortés, Francisco Pizzaro und Hernando de Soto begann die _____ (Fabel, Anekdote, Geschichte) der gewaltsamen _____ (Erschließung, Eroberung, Besitznahme) Amerikas. Aber das ist bereits ein/eine _____ (neue Folge, neues Kapitel, andere Episode) ...

---

❶ *Damit du der Geschichte folgen kannst, musst du erst einmal aus den in Klammern angebotenen drei Wörtern den passenden Begriff auswählen und ihn in die richtige Form setzen. Achtung: Manchmal gibt es mehrere Möglichkeiten und es ist eine Frage des Sprachstils und -gefühls!*

❷ *Partner- oder Gruppenarbeit: Vergleicht dann eure Versionen. Wie weit weichen eure Fassungen voneinander ab?*

---

❸ *Wortpuzzle: Füge die Wörter der linken mit denen der rechten Spalte zusammen.*
Was fällt bei den Worten in der rechten Spalte auf?
Welches Wort tanzt aus der Reihe?

Eroberungs-	Wut
Zerstörungs-	Fieber
Besitz-	Zug
Macht-	Drang
Beute-	Eifer
Gold-	Hunger
Wissens-	Wahn
Entdeckungs-	Rausch
Größen-	Durst
Lern-	Gier

> Mit diesen Begriffen könnt ihr gut eine Diskussion führen über Entdecker, die in fremde Länder und unbekannte Regionen aufbrachen, aber auch über Eroberer, wie sie dem Kolumbus folgten.

Kennt ihr die Redensart „Das Ei des Kolumbus"? Wenn nicht, wird es höchste Zeit. Ob sich die Sache wirklich so zugetragen hat, ist keineswegs sicher, aber die Geschichte wird folgendermaßen überliefert:

Nach seiner ersten Amerikareise war Christoph Kolumbus im Jahre 1493 zu einem Abendessen eingeladen. Einige Gäste waren unzufrieden, dass der Seefahrer so viel Ruhm und Aufmerksamkeit genoss, und meinten, er solle sich bloß nichts auf die Entdeckung der Neuen Welt einbilden; das hätte auch ein anderer schaffen können. Daraufhin ließ Kolumbus ein Ei bringen und forderte seine Kritiker auf, es auf die Spitze zu stellen. Sie versuchten es oft und lange, aber niemand schaffte es. Schließlich waren sie überzeugt, dass die Aufgabe unlösbar sei. Dann übergab man Kolumbus das Ei. Dieser schlug es mit der Spitze auf den Tisch, sodass sie eingedrückt wurde und das Ei stehen blieb. Dann wandte er sich an die anderen Gäste mit der Bemerkung: „Der Unterschied zwischen uns, meine Herren, ist, dass Sie es hätten tun können, ich es hingegen getan habe!"

Solche überraschend einfachen Lösungen werden bis heute als „das Ei des Kolumbus" bezeichnet.

❹ *Gruppenarbeit: Schreibt ein kleines Theaterstück zu dieser Szene und spielt es dann. Die Dialoge der Hauptpersonen sind wichtig, ihre Mimik und Gestik aber ebenfalls. Denkt auch an die Kommentare und Reaktionen der zuschauenden Gäste.*

A. Hartmann/S. Klöver: „Die Geburtsstunde der Gummibärchen"
© Edition MoPäd

2 Geheimnisvoll und zerbrechlich: das Porzellan

Die Herstellung von Porzellan ist eine ziemlich geheimnisvolle Sache, jedenfalls wurde daraus lange ein Geheimnis gemacht – zuerst im Kaiserreich China, wo man im Jahre 620 erstmals Porzellan herstellte, dann in Europa, wo man 1088 Jahre später (Also in welchem Jahr? _____)
das Herstellungsverfahren erneut entdeckte.
In Meißen (Wo liegt das denn bitte? _____)
entstand zwei Jahre später die erste europäische Porzellanmanufaktur
(Was ist eine Manufaktur? _____).
Die Meißener konnten das Geheimnis der Materialien und Methoden
fast ein halbes Jahrhundert für sich behalten ...

... aber ihr könnt es sicher leicht lösen; denn:

Porzellan, das „weiße Gold", besteht aus Tonerde (Kaolin), Feldspat und Quarz. Alle Bestandteile werden fein gemahlen, mit Wasser gemischt, getrocknet und geformt. Nach einem Vorbrand taucht man das poröse Material in Glasurschlamm aus porzellanähnlicher Masse – sie schmilzt während des zweiten Brands zu einem blanken Glasüberzug, während sich das Porzellanmaterial verdichtet. Im dritten Arbeitsschritt wird das Porzellan durch den „Dekorbrand" veredelt. Aufgrund des dreifachen Brenndurchgangs ist Porzellan sehr hart und widerstandsfähig gegen Säuren und Laugen.
Zu Beginn des 20. Jahrhunderts entdeckte man übrigens, dass das dichte, durchscheinende Material gegen Strom isoliert; seitdem produziert man aus Porzellan auch Kleinteile für Schalter und Fassungen.

❶ *Unterstreiche im Text und fasse dann mit eigenen Worten zusammen:*
   a) Rot: Woraus besteht Porzellan?

   _____

   _____

   b) Blau: Wie wird es hergestellt?

   _____

   _____

❷ *Schlag nach: Woher kommt das Wort „Porzellan" und was bedeutet es?*

   _____

   _____

❸ *Seit den Meißener Anfängen hat jedes Porzellan seinen Namen (Oft ist es bei den alten, berühmten Marken der Ortsname) und ein Markenzeichen (Beim Meißener Porzellan sind es die gekreuzten Schwerter). Wisst ihr, wo ihr Name und Zeichen findet? Untendrunter!*
   Also zu Hause hurtig die Teller und Tassen umgedreht und die Namen notiert.
   Bringt sie bitte zur nächsten Stunde mit und lest sie vor.

   _____   _____   _____

❹ *Gruppenarbeit (mindestens zwei Gruppen):*
Wenn ihr Kaiser von China oder Chefin der Meißener Porzellanmanufaktur wärt:
– Wie sollte das Porzellan aussehen, das ihr bei euren Leuten in Auftrag gebt?
– Welche Farben sollte es haben und welche Muster?

Schritt 1: *Jede Gruppe beschreibt zunächst Muster und Farben so ausführlich wie möglich,*
mit denen die unten abgebildete Teekanne bemalt werden soll.
Schritt 2: *Blättertausch zwischen den Gruppen.*
Schritt 3: *Die Kanne wird genau nach der Beschreibung ausgemalt.*
Schritt 4: *Nun wird ausgewertet. Welche Gruppe hat die genaueste Anweisung gegeben,*
welche die schönste Zeichnung geliefert?

So soll die Teekanne aussehen:

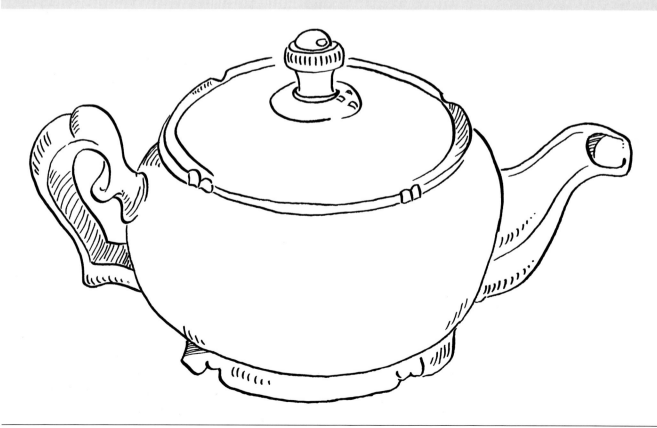

A. Hartmann/S. Klöver: „Die Geburtsstunde der Gummibärchen"
© Edition MoPäd

3 Vulkanisation: von Gummistiefeln und Autorennen

❶ *GUMMI: Was fällt dir dazu ein? Nimm dir einmal 5 Minuten Zeit und schreibe Begriffe auf, in denen das Wort Gummi vorkommt? Schaffst du ein Dutzend?*

Gut, dann sind wir dran. Es folgt:

Eine kurze Geschichte des Gummis

Sie beginnt vor etwa 3500 Jahren in Südamerika. Die dortigen Indianerstämme hatten beobachtet, dass bestimmte Bäumchen in der Lage sind, bei Verletzungen sozusagen ihre eigenen Pflaster herzustellen. Wenn man ihre Rinde einritzt, fließt eine weiße Milch heraus und verschließt die Wunde. Die Indianer nannten das Produkt Kau-utschu, das heißt in ihrer Sprache „weinender Baum".

Die Indianer benutzten diesen Kautschuk (so unser modernes Wort), um Flaschen oder Kleidungsstücke damit abzudichten oder um Bälle herzustellen. Über 1300 Ball-Spielplätze hat man in den *Ruinen* der alten Indianerstädte gefunden. Und auch einen uralten Gummiball. Damit dürfte ziemlich klar sein: Die Ahnen von „König Fußball" erblickten lange vor Kolumbus in Amerika das Licht der Welt.

Über viele Jahrhunderte konnte man Roh-Kautschuk nur in *Brasilien* kaufen, dort verdiente man an dem *Monopol* viel Geld. Ein Engländer hat dann 1876 klammheimlich und unter Lebensgefahr einige Samen des Gummibaums nach Europa geschmuggelt. Von England aus brachten die *Briten* die Pflanzen in ihre Kolonien nach Südostasien, wo sie Kautschuk-*Plantagen* anlegten. Bis heute ist der Inselstaat *Malaysia* weltweit einer der wichtigsten Kautschuk-*Produzenten*.

Richtig nutzbar wurde der Naturkautschuk aber erst durch die sogenannte Vulkanisation. Der Name ist etwas irreführend, denn mit feuerspeienden Bergen hat das nichts zu tun. Man mischt *Schwefel*pulver unter den Kautschuk und erhitzt ihn auf 80 bis 160 Grad Celsius. So erhält man Gummi, das im Gegensatz zum Natur-kautschuk elastisch ist, d.h. man kann ihn langziehen oder zusammendrücken. Und erst die Vulkanisation macht das Gummi dann so fest, dass man mit quietschenden Reifen in die Kurve gehen kann.

❷ *Bitte notiere alle kursiv gedruckten Wörter im Text.*
Nimm dann ein Lexikon zur Hand und kläre die Bedeutung dieser Wörter.
Bitte notiere die Wörter genau in der Reihenfolge, in der sie im Text auftauchen!

① _____ *sind* _____ .

② _____ *heißt* _____ .

③ _____ *bedeutet* _____ .

④ _____ *nennt man* _____ .

⑤ *Als* _____ *bezeichnet man* _____ .

⑥ _____ *ist* _____ .

⑦ *Unter* _____ *versteht man* _____ .

⑧ _____ *ist* _____ .

❸ *Erstaunlich, wozu man Gummi alles verwenden kann. Wir haben hier noch einmal wichtige Erfindungen zusammengefasst. Bitte lies den folgenden Text aufmerksam durch. Das Ausfüllen des roten Fadens hilft dir später dabei, schnell die richtigen Antworten zu finden.*

Wie die Reifen rollen und die Bälle hopsen lernten

Als Christoph Kolumbus (1451–1506) und seine Mannschaft Ende des 15. Jahrhunderts nach einer langen gefährlichen Reise über den Atlantik mit ihren Segelschiffen Amerika erreichten, fanden sie in der „Neuen Welt" viele im „Alten Europa" unbekannte Dinge vor. Dazu gehörten die Kultur der einheimischen Indianervölker, aber auch neue Pflanzen- und Tierarten. Einige Indianervölker spielten mit Kautschukbällen. Das war für die europäischen Seefahrer sicher ein spannender Anblick und für uns alle eine Sternstunde des Sports!

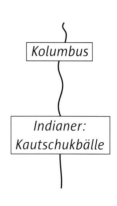

Kolumbus

*Indianer:
Kautschukbälle*

Mitte des 18. Jahrhunderts brachte der französische Naturwissenschaftler Charles Marie de La Condamine (1701–1774) von einer Südamerikareise Teile des Kautschukbaumes mit nach Europa. In den kommenden zwei Jahrhunderten wurden dann viele nützliche Erfindungen gemacht.

So entdeckten britische Chemiker, dass sich Kautschuk ausgezeichnet zum Entfernen von Bleistiftstrichen eignet. Joseph Priestley (1733–1804) beschrieb um 1770 als Erster die Funktion eines Radiergummis. In den Jahrhunderten zuvor hatte man in Europa versucht, Bleistiftspuren mit gekneteten Brotkügelchen von Papier zu entfernen oder sie mit dem Messer vorsichtig abzukratzen. Sicher

A. Hartmann/S. Klöver: „Die Geburtsstunde der Gummibärchen"
© Edition MoPäd

keine besonders praktischen Methoden! Der Radiergummi hat nach seiner Erfindung also Generationen von Schulkindern viel Stress und Ärger erspart.

Hast du schon mal von Schottland gehört? Dem schönen Land des Nebels und des Dauerregens? Und der schweren Kleidungsstücke aus Wolle? Bist du schon einmal in Wollsachen pitschnass geworden? Dann wirst du wissen, dass man sich scheußlich fühlt: Der Pulli pappt bleischwer am Leib und man riecht etwas streng nach feuchtem Hammel. Sehr unangenehm, zumal man sich in klammen und kalten Klamotten leicht erkälten kann.

Dieses Schicksal war Generationen von Schotten in die Wiege gelegt, bis Charles Macintosh (1766–1843) ab 1824 energisch nach Lösungen suchte. Er bestrich die heimischen Mäntel und Jacken mit Kautschuk, um sie wasserfest zu machen. Zuerst mit mäßigem Erfolg: Die Schneider verfluchten ihn, weil sich der schwere Stoff nur mit Mühe verarbeiten ließ. Hinzu kam, dass unvulkanisierter Kautschuk nicht temperaturbeständig ist. Das heißt, im Sommer waren die imprägnierten Kleidungsstücke klebrig und im Winter hart und sperrig.
Doch 1839 brachte die Erfindung des Vulkanisationsverfahrens die lang ersehnte Rettung nicht nur für nasse Briten. Die praktische Regenjacke war geboren und trägt heute noch in Großbritannien den Namen ihres Erfinders: Macintosh.
Bei Vulkanisation handelt es sich, wie schon gesagt, um die Vermischung von Schwefel und Kautschuk. Das Endprodukt heißt Gummi. Als ein „Vater des Verfahrens" kann der Amerikaner Charles Goodyear gelten. Der hat sich 1844 das Patent auf die Vulkanisation gesichert. Das bedeutet, dass er eine Urkunde erhielt, die ihn als Erfinder des Verfahrens bezeichnet. Bis heute gibt es eine große Reifenfabrik, die seinen Namen trägt.

Auf der nächsten Geburtstagsfeier solltet ihr mal eine Gedenkminute für Herrn Ingram einlegen. Dieser Londoner Tüftler erfand 1847 nämlich ein Kautschukprodukt, das bis heute Kinderherzen höher schlagen lässt: den Luftballon! Auch er hatte jahrelang mit unvulkanisiertem Kautschuk herumexperimentiert. Mit dem Ergebnis, dass seine Kugeln anfangs eher klebrig gerieten und der Spaß auf der Strecke blieb. Aber dann (siehe oben) verbreitete sich zum Glück das Vulkanisationsverfahren.

Eine weitere Gedenkminute wäre für die Herren Thomson und Dunlop fällig. Beide widmeten sich der Entwicklung von Gummireifen. Der schottische Tierarzt John Dunlop hatte sich 1888 über seinen Sohn geärgert, der mit seinem eisenbeschlagenen Dreirad durch Haus und Hof rumpelte und dabei einen Höllenlärm machte. Daher bastelte Dunlop zur Schonung seiner Nerven aus Gummiplatten den ersten aufblasbaren Fahrradschlauch für das Gefährt seines Sohnes. Gut 40 Jahre zuvor hatte Mr. Thomson bereits den Vollgummireifen in London patentieren lassen. Obwohl die Passagiere der schlecht gefederten Kutschen damals vor jeder Reise auf den holprigen Straßen „ihre Knochen nummerieren" mussten, war die Zeit noch nicht reif für seine Erfindung, und es sollte noch fast 50 Jahre dauern, bis sich die Idee weltweit durchsetzte.

Noch was? Ach ja, dann war da noch der Engländer Herr Nadier, der 1820 das Gummiband erfand. Ihm verdanken wir, dass uns Unterhosen und Strümpfe nicht ständig auf die Knöchel rutschten. Und 1878 kamen die ersten Tennisbälle mit Gummikern auf den Markt. Und so schließt sich fast 400 Jahre später der Kreis zu den ballspielenden Ureinwohnern Amerikas.

❹ Alles klar? Dann kreuze bitte die richtigen Aussagen zum Text an:

① Das Wort Sternstunde bedeutet ...
S eine glückliche und wichtige Stunde.
T eine nächtliche Stunde, wenn die Sterne am Himmel stehen.
Z die Stunde der großen Stars („englisch für „Sterne").

② Der Regenmantel wurde von einem Schotten erfunden, weil ...
E es in Schottland so viele Schafe gab.
Ä Regenjacken besonders gut zu Schottenröcken passen.
O die Menschen sich gegen das feuchte Klima schützen wollten.

③ Unter Vulkanisation versteht man ...
A den Ausbruch eines Vulkans.
I die Vermischung von Kautschuk und Schwefel zur Herstellung von Gummi.
R die Tatsache, dass Kautschuk bei Hitze klebrig und bei Kälte hart ist.

④ Ein Patent bedeutet, dass ...
S man sich von einem Patentamt eine Urkunde ausstellen lässt, mit der man sich alle Rechte
    sichert, um seine Erfindung nutzen zu können. Ein Patent soll Schutz gegen „Ideenklau" bieten.
F man schlauer ist als der Rest seiner Zeitgenossen.
P man schnell reich wird.

⑤ Die Erfindung des Gummireifens durch Thomson und Dunlop war eine feine Sache, denn ...
D Gummireifen sind schwerer und damit stabiler als Holzreifen.
T mit Gummireifen fährt es sich viel weicher, sicherer und leiser.
W auch die neu erfundenen Eisenbahnen brauchten Gummiräder.

⑥ Mr. Ingram erfand ...
U die Quietscheente.
E den Luftballon.
O den Gummitwist.

⑦ Das Wort Ureinwohner bezeichnet Menschen, die ...
T einen strengen Tagesablauf („nach der Uhr") einhalten.
R uralt sind.
S die erste, ursprüngliche Bevölkerung eines Gebietes darstellen.

⑧ In Europa benutzte man bis Mitte des 18. Jahrhunderts zum Radieren von Bleistiftstrichen ...
! Brotkügelchen.
? rohe Kartoffelscheiben.
. eine angespitzte Möhre.

Lösung: ☐☐ ☐☐☐ ☐☐☐

 A. Hartmann/S. Klöver: „Die Geburtsstunde der Gummibärchen"
© Edition MoPäd

❺ *Gib Gummi, es geht in die Endrunde!*
Wir haben zwei Rubriken angelegt. In der Zeitleiste
findest du Jahreszahlen, in dem zweiten Kasten elf
Meilensteine in der Geschichte des Gummis.

Bitte bringe die Ereignisse in die richtige zeitliche
Reihenfolge. Ordne sie den Jahreszahlen der Zeitleiste
zu und notiere ein Stichwort zu jeder Jahreszahl.

> Keine Sorge, so schwer ist das nicht, wenn du „Eine kurze Geschichte des Gummis" (S. 17) und „Wie die Bälle hopsen und die Reifen rollen lernten" (S. 18 f.) zu Rate ziehst.

1492		Charles Goodyear patentiert das Vulkanisationsverfahren für Naturkautschuk.
1745		Der erste Kinderluftballon entsteht.
1770		Kolumbus sieht bei seiner Ankunft in Amerika, wie Indianer mit einem elastischen Ball spielen.
1820		Joseph Priestley erfindet den Radiergummi.
1824		Robert William Thomson patentiert in London seine Erfindung des Vollgummireifens.
1839		Eine neue Generation von Tennisbällen erblickt das Licht der Welt.
1844	Vulkanisationspatent	Das Gummiband für Kleidungsstücke wird erfunden.
1847		John Boyd Dunlop bringt das Dreirad seines Sohnes mit Gummischläuchen auf Touren.
1848/1867		Man erfindet das Verfahren der Vulkanisation.
1878		Der französische Forscher La Condamine bringt von seinen Reisen Kautschukproben nach Europa mit.
1888		Der Schotte Macintosh entwickelt regendichte Bekleidung aus Stoff und Kautschuk.

> Hattest du am Anfang dieses Kapitels das Wörtchen „Kaugummi" auf deiner Liste? Das hat zwar auch eine interessante Geschichte, die aber nichts mit Kautschuk und Vulkanisation zu tun hat. Daher haben wir sie in Kapitel IV bei den Gummibärchen untergebracht.

4 Das starke Nichts: Herr von Guericke und sein Vakuum

Otto von Guericke, eine Kurzbiographie (1. Versuch)

Otto Guericke wurde am 20. November 1602 in Magdeburg geboren, gestorben ist er am 11. Mai 1686 in Hamburg. (Beide Daten nach dem damals geltenden julianischen Kalender. Nach dem heute gültigen gregorianischen Kalender wären dies der 30. November und der 21. Mai.) Dazwischen lag ein bewegtes Leben, in dem Guericke als Politiker, Jurist, Naturwissenschaftler und Erfinder tätig war. Der Spross einer alt eingesessenen und begüterten Magdeburger Familie genoss eine umfassende und sorgfältige Erziehung. Bis zum Alter von 15 Jahren besuchte er die städtische Schule Magdeburgs und erhielt außerdem Unterricht durch Hauslehrer. Anschließend setzte er seine Ausbildung in Leipzig, Helmstedt, Jena und Leiden (Holland) fort. Es folgte eine Bildungsreise durch England und Frankreich. Einen Namen machte er sich zunächst als Ratsherr und Diplomat, aber auch als Festungsbauingenieur. Er beteiligte sich an dem Wiederaufbau seiner Heimatstadt Magdeburg nach dem „Dreißigjährigen Krieg" (1618–1648) und vertrat sie unter anderem bei den Friedensverhandlungen in Münster und Osnabrück. Doch bis heute berühmt ist er vor allem dank seiner naturwissenschaftlichen Experimente zum Luftdruck (dazu weiter unten mehr). 1666 erhob ihn der Kaiser in den erblichen Adel, und er durfte sich von nun an „von Guericke" nennen.

Bei allen berühmten Entdeckern und Erfindern, aber auch Politikern, Schriftstellern, Musikern, Schauspielern und sogar Fußballspielern interessieren sich die Mitmenschen nicht nur für das Werk oder die Tat(en), durch die sie berühmt wurden. Das persönliche Leben ist ebenso gefragt, gerne auch private Einzelheiten und Sensationen. Über nahezu alle Stars und Sternchen sind Biografien verfasst worden. Es gibt auch reichlich Autobiografien, in denen die Helden selbst ihr Leben beschreiben.
Zugegeben: Die Kurzbiografie Otto von Guerickes ist ein arg trockener Text. Dabei können Biografien eigentlich sehr spannend sein. Warum und weshalb, kannst du gleich entdecken:

Otto von Guericke, eine Kurzbiographie (2. Versuch)

Es war ein kalter, nebliger Novembertag, als der kleine Kerl das Licht der Welt erblickte. Seine Eltern waren überglücklich, denn schon lange hatten sie sich einen Sohn gewünscht. Liebevoll kümmerten sie sich um seine Erziehung und betrachteten voller Stolz ihren Sprössling, der zu einem hübschen Kind heranwuchs. Die blonden Locken umrahmten ein schmales Gesicht, in dem besonders die hellen, wachen Augen auffielen. Der kleine Kerl war von sehr ausgeglichenem Wesen; allem Streit ging er aus dem Weg. Vor allem aber zeichnete er sich durch seinen unbändigen Wissensdurst aus. Alles wollte er wissen, in Erfahrung bringen, ausprobieren. Besonders interessierte ihn die Frage nach dem Nichts. „Was ist", so überlegte er, „wenn ich die Luft aus einem Gefäß absauge? Bleibt dann nur das Nichts?" Diese Frage beschäftigte ihn Tag und Nacht, sodass er kaum noch schlief und wenig aß. Eines Tages fragte ihn die Mutter, ob er Rosenkohl oder Grünkohl zu essen wünsche, und er antwortete völlig geistesabwesend: „Nichts als das Nichts". Die Mutter war ziemlich verärgert und schloss seine ganzen Apparate und Experimentiersachen erst einmal für die nächsten Wochen im Küchenschrank ein. Es sollten noch viele Jahre vergehen, bis seine Grübeleien und Versuche endlich Erfolg hatten. Doch er hielt durch – und wir haben ihm Entdeckungen zu verdanken, die unseren Alltag verändert haben.

Und so weiter und so fort. Das ist nun wirklich dick aufgetragen und von uns frei erfunden (er möge uns das Machwerk verzeihen).

A. Hartmann/S. Klöver: „Die Geburtsstunde der Gummibärchen"
© Edition MoPäd

Dieser „Biografie-Pfeil" reicht von einem Extrem möglicher Biografien (nichts als dürre Lebensdaten) zum anderen (fast ganz erfunden – Legenden):

Fakten				Fiktion	
① reine Lebensdaten	② sachliche (eher knappe) Informationen	③ anschaulicher Lebensbericht	④ Roman, der mit den Fakten eher frei umgeht	⑤ Legende, die den Helden überhöht	
blau		violett		rot	

Guericke-Kurzbiografie ☐. Versuch	Guericke-Kurzbiografie ☐. Versuch

❶ Vergleiche die beiden Kurzbiografien und ordne sie auf dem Biografie-Pfeil ein.

❷ Hier einige Stichworte dazu, worin sich Biografien unterscheiden können.
Wo würdest du sie auf dem Biografie-Pfeil in etwa einordnen?
Markiere die Felder vor den Stichworten entsprechend farbig
(Mischfarben und Farbübergänge möglich!).

a) Die Nennung von
☐ zahlreichen Fakten
☐ vielen Einzelheiten

b) Die ausführliche Schilderung
☐ der äußeren Erscheinung, des Aussehens
☐ der Persönlichkeit, des Charakters
☐ des Familienlebens
☐ dramatischer Episoden (Krisen, Wendepunkte, Höhepunkte)
☐ der Motive, des Ansporns zu der besonderen Leistung
☐ der Leistung selber
☐ der herausragenden Bedeutung dieser Leistung
☐ der geschichtlichen oder politischen Ereignisse der Zeit

c) Der Einsatz von
☐ von vielen ausschmückenden, wertenden Adjektiven
☐ der Dialogform
☐ eines erlebnisbetonten, spannungserzeugenden Erzählens

❸ Jetzt dürfte es einfach sein. Aufgrund vor allem welcher Merkmale unterscheidet sich der zweite Versuch vom ersten Versuch einer Kurzbiografie Otto von Guerickes?

_____

_____

_____

❹ *Also aufgepasst, wenn dir die Biografie eines mehr oder weniger berühmten Menschen in die Hände fällt! Jetzt sollst du selber eine schreiben.*
Keine Angst, du musst nicht gleich ein Buch verfassen und ein ganzes Leben beschreiben.
Wir begnügen uns mit einer Episode.
a) Suche bitte das älteste Mitglied deiner Familie auf, das für dich erreichbar ist
   (Oma, Opa, Tante, Onkel, Mutter, Vater). Frage sie oder ihn nach ihrer Schulzeit aus:

Biografie-Fragebogen

Befragt wurde: _____ Datum: _____

1 In welche Zeit fiel deine Schulzeit? _____

2 Wo bist du zur Schule gegangen? _____

3 Wie groß war die Klasse? _____

4 Wurden Jungen und Mädchen gemeinsam unterrichtet? _____

5 Hast du noch Kontakt zu ehemaligen Mitschülern? _____

6 Was war völlig anders als in der Schule heute? _____

_____

7 Erinnerst du dich an ein besonders komisches, aufregendes oder unangenehmes Erlebnis
   aus deiner Schulzeit? (Nutze die Rückseite für Notizen. Siehe Aufgabe b!)

b) Schreibe einen Aufsatz über ein besonderes Erlebnis der befragten Person.
   Überleg dir
   – einen Titel für das Erlebnis,
   – aus welcher Perspektive du es schildern willst („ich" oder aber „sie" bzw. „er"),
   – welche von den oben aufgelisteten stilistischen Mitteln dir geeignet erscheinen.

_____

_____

_____

_____

_____

_____

_____

_____

A. Hartmann/S. Klöver: „Die Geburtsstunde der Gummibärchen"
© Edition MoPäd

Otto stand nicht auf dem Schlauch

Jetzt aber schleunigst zu den Erfindungen, die Herrn von Guericke so berühmt gemacht hat. Es sind gleich mehrere. Lange experimentierte er mit dem Luftdruck und dem Vakuum. Er wies nach, dass man Luft pressen, pumpen und aus einem Gefäß entfernen kann, also ein leerer Raum hergestellt werden kann. Allein dank seiner Erfindung der Luftpumpe und des Luftgewehrs wäre er aber wohl nicht so berühmt geworden. Doch Otto von Guericke war nicht nur ein experimentierfreudiger Forscher, sondern auch jemand, der seine Wissenschaft in der Öffentlichkeit vorzuführen wusste (wenn es damals schon das Fernsehen gegeben hätte!).

So experimentierte er 1654 beim Regensburger Reichstag im Beisein von Kaiser Friedrich III. und der anwesenden Fürsten. Besonders aufsehenerregend war später folgender Versuch. Im Sommer 1657 ließ er zwei große Halbkugeln aus Metall zusammenlegen und anschließend die Luft herauspumpen. Anschließend wurden vor jede Halbkugel sechs Pferde gespannt (später wiederholte er das Experiment mit je acht Pferden), die sie auseinanderreißen sollten, was aber nicht gelang. Als die Kugeln wieder mit Luft gefüllt wurden, fielen sie von allein auseinander.

Auch für die Erforschung und Entwicklung der Wettervorhersage hat von Guericke Bahnbrechendes geleistet. Er konstruierte ein Barometer, das Schwankungen des Luftdrucks messen kann. Seine Unwetterwarnung von 1660 war die wohl erste wissenschaftlich begründete Wettervorhersage!
Und sie ging tatsächlich in Erfüllung ...

❺ *Alles kapiert? Das folgende „luftige" Quiz verlangt genaues Lesen, aber auch etwas Allgemeinwissen und Scharfsinn. Ihr dürft auch gern eure Antwort begründen!*

Stimmt das?	Ja	Nein
a) Luft kann man zusammenpressen.		
b) Luft ist unsichtbar.		
c) Man kann das Gewicht der Luft nicht messen.		
d) Luft ist ein Gas.		
e) Einen Luftballon, der in einer Flasche steckt, kann man nicht aufblasen.		
f) Wenn man einen Luftballon über einen Flaschenhals stülpt und die Flasche in einen Behälter mit warmem Wasser stellt, bläst sich der Luftballon auf.		
g) Je höher man auf einen Berg klettert, desto dicker wird die Luft.		
h) Luft ist nicht wasserlöslich.		
i) Die Lungen filtern den Sauerstoff aus der Luft und geben Kohlenstoffdioxid wieder ab.		
j) Bei einem Vakuum handelt es sich um verdichtete Luft.		
k) Mit einem Barometer misst man die Lufttemperatur.		
l) Erfunden hat das Barometer Benjamin Franklin.		
m) Es braucht 16 Pferde, um zwei große, durch den Luftdruck zusammengepresste Halbkugeln auseinanderzuzerren.		

5 Google, die große Suchmaschine

Ja, das wär's: eine Maschine, die auf Knopfdruck all das suchen und dir bringen würde, was du gerade schmerzlich vermisst! Den zweiten Socken, das Radiergummi, das – verflixt noch mal – doch gerade noch da war, die Busfahrkarte, die Kassette mit deiner Lieblingsgeschichte, den Fahrradschlüssel und so weiter und so fort. Aber solch einen hilfreichen Apparat, der blitzschnell deine Taschen mustern, die dunklen Ecken unter deinem Bett und den Chaoshaufen herumliegender Sachen durchleuchten würde, gibt es leider nicht. Noch nicht jedenfalls. Aber eine andere Suchmaschine gibt es bereits. Entwickelt wurde sie 1998 von den beiden Studenten Larry Page und Sergey Brin. Aus den kleinen Anfängen in einer kalifornischen Garage wurde ein Riesenunternehmen. Heute gibt es Google in 84 Sprachen und man beantwortet täglich mehr als 100 Millionen Suchanfragen. Aber wie funktioniert das: Hocken da ganze Horden von Angestellten, öffnen Briefumschläge und beantworten Fragen nach dem Muster: „Liebe Damen und Herren, können

Der Name Google leitet sich übrigens von dem Wort „Googol" ab. Mit Googol wird in der Mathematik die Zahl 1, gefolgt von 100 Nullen (ganz schön viele!) bezeichnet.

Sie mir bitte verraten, wann Christoph Kolumbus geboren wurde, wann er Amerika entdeckte und was es mit dem Ei des Kolumbus auf sich hat?" oder „Sehr geehrtes Google, ich möchte wissen, was Kautschuk ist und was er mit den Indianern zu tun hat"?

Nein, natürlich nicht. Keiner schreibt Briefe, keiner öffnet und beantwortet sie. Suchen und Finden geschehen im virtuellen Raum des World Wide Web. Alles, was du dafür brauchst (zugegeben, nicht ganz wenig), ist ein Computer mit Internet-Zugang. Wenn du dort „www.google.de" eingibst, präsentiert sich dir dort DIE GROSSE SUCHMASCHINE.

---

❶ Der Praxistest: Suchaufgaben

① Wenn ich das Wort „Kolumbus" eintippe, stoße ich auf _____ Einträge.

② Bei „Christoph Kolumbus" sind es immerhin noch _____ Einträge.

③ Unter „Biografie Christoph Kolumbus" sind es _____ Einträge.

④ Und bei „Kolumbus Entdeckung Amerikas"? _____ Einträge.

⑤ Wie viele Seiten nennt dir Google, wenn du nach dem „Ei des Kolumbus" fragst?

_____ Einträge.

⑥ Wenn ich das Suchwort „Kautschuk" eingebe, erhalte ich _____ Einträge.

⑦ Wenn ich die Begriffe „Kautschuk" und „Indianer" eingebe, verringert sich die Zahl der Einträge auf

_____ .

⑧ Gebe ich „Erfindung des aufblasbaren Fahrradschlauchs" ein, erhalte ich _____ Antworten.

Warum wohl?

Wenn du bestimmte Ausdrücke in Anführungsstriche setzt, sucht die Maschine nach genau dieser Wortkombination.

Noch ein Tipp: Die Zahl der Einträge verringert sich, wenn du nicht im ganzen „Web", sondern in den „Seiten auf Deutsch" und weiter den „Seiten aus Deutschland" suchst. Aber es bleiben trotzdem noch ganz schön viele. Wer soll die alle lesen? Keiner! Google sortiert die Websites vor, sodass du die aktuellsten und am häufigsten besuchten Websites ganz oben findest.

A. Hartmann/S. Klöver: „Die Geburtsstunde der Gummibärchen"
© Edition MoPäd

Prof. Wunderlich ist kein Wissenschaftler alten Schlags, der sich nur durch dicke alte Bücher wühlen würde, sondern er ist durchaus aufgeschlossen für den technologischen Fortschritt. Was er alleine im letzten Monat alles gegoogelt hat (Ja, das Verb gibt es inzwischen, es ist sogar hochoffiziell in den Duden aufgenommen worden)! Allerdings ist Prof. Wunderlich auch reichlich zerstreut – die Ergebnisse seiner Recherchen hat er auf irgendwelchen Schmierzetteln notiert; sie sind verloren gegangen oder heillos durcheinandergeraten.
Könnt ihr sie bitte nachprüfen, wo nötig korrigieren und die Einträge schön ordentlich alphabetisch für ihn sortieren?
Herr Wunderlich dankt der Klasse herzlich.

Das Google-Kuddelmuddel von Professor Wunderlich

Hier sein Such-Kuddelmuddel und Schmierzettelsalat des letzten Monats:

Der Nöck ist danach der Ehemann der Nixe, die Eskimos bezeichnen sich selbst als Lappen, unter einer Jurte versteht man das Nomadenzelt der Beduinen, Guyana und Guano meinen dasselbe, nämlich die Brutstätte der Möwen, und die Fruchtfliege wird umgangssprachlich so genannt, weil sie besonders fruchtbar ist.

Unleserlich in den hingeschmierten Notizen von Professor Wunderlich ist, ob das Aalweibchen nun länger wird als das Aalmännchen, ob die fünf (?) „Brandenburgischen Konzerte" von Bach oder von Mozart komponiert wurden, was unter Volapük zu verstehen ist, wann Daniel Gottlieb Moritz Schreber gelebt hat, wie hoch die Cheops-Pyramide ursprünglich war und wann der Igel seinen wohlverdienten Winterschlaf antritt.

Offenbar hat Professor Wunderlich auch wissen wollen, welche Öffnungszeiten das Deutsche Auswandererhaus (Bremerhaven) in den Sommermonaten hat, wie die internationale Telefonvorwahl für Timbuktu lautet (er wollte dort einen Kollegen anrufen) und ob es im Internet eine Anleitung zum Basteln einer Laterne (für seinen Enkel) und ein Rezept für einen Kichererbseneintopf gibt.

Damit noch nicht genug: Er suchte auch nach dem Verursacher der Krätze, wollte sich vergewissern, wodurch die Stadt Meißen so berühmt wurde, in welchem Bundesland die Stadt Pirmasens liegt und in welchem Jahr der Hurrikan Katrina im Südosten der USA eine Spur der Verwüstung hinterließ.

Gut, für seinen Enkel schaute er auch zwei Sachen nach: Wie viele Einwohner die norwegische Hauptstadt Oslo hat und wer das Märchen „Zwerg Nase" geschrieben hat.

Was auf den zerknüllten Zetteln steht, ist schon gar nicht mehr eindeutig zu entziffern: Verstand man unter „Unterprima" die erste, letzte oder vorletzte Klasse des Gymnasiums? Ist das Ypsilon der 18., 19. oder 20. Buchstabe des griechischen Alphabets? War Xanthippe das zänkische Weib des Archimedes? Kommt das Wort „Querulant" aus dem Hebräischen oder Griechischen?

Da hilft nur noch Wischnu oder Vishnu, eine der Hauptgottheiten des ???

❷ *Ordne bitte die Suchbegriffe des „Google-Kuddelmuddels" alphabetisch an.*
Beantworte die Fragen von Professor Wunderlich im Heft,
korrigiere die Fehler und kläre die Ungereimtheiten.

A _____	N _____
B _____	O _____
C _____	P _____
D _____	Q _____
E _____	R _____
F _____	S _____
G _____	T _____
H _____	U _____
I _____	V _____
J _____	W _____
K _____	X _____
L _____	Y _____
M _____	Z _____

Super, genial, toll – nicht wahr?, dass die große Suchmaschine für alle diese Frage- und Zweifelsfälle
Antworten ausspuckt, Daten liefert, Begriffe erklärt usw.
Sind die umfangreichen Enzyklopädien, die dicken Wörterbücher, Lexika und Nachschlagewerke damit etwa
überflüssig, reif für den Müll?

❸ *Diskutiert diese Frage in der Gruppe.*
Schreibt zum Schluss eure Hauptargumente auf: Was spricht dafür, was dagegen?

Und Vorsicht: Wie beim Surfen auf dem offenen Meer lauern auch im Internet überall Gefahren.
Die folgenden Schilder sollen euch vor den größten warnen:

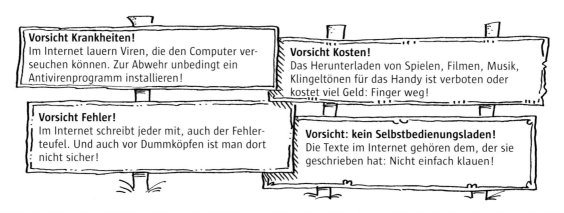

Vorsicht Krankheiten!
Im Internet lauern Viren, die den Computer verseuchen können. Zur Abwehr unbedingt ein Antivirenprogramm installieren!

Vorsicht Kosten!
Das Herunterladen von Spielen, Filmen, Musik, Klingeltönen für das Handy ist verboten oder kostet viel Geld: Finger weg!

Vorsicht Fehler!
Im Internet schreibt jeder mit, auch der Fehlerteufel. Und auch vor Dummköpfen ist man dort nicht sicher!

Vorsicht: kein Selbstbedienungsladen!
Die Texte im Internet gehören dem, der sie geschrieben hat: Nicht einfach klauen!

A. Hartmann/S. Klöver: „Die Geburtsstunde der Gummibärchen"
© Edition MoPäd

III Schau, was kommt von draußen rein: Importe

Aufgabenübersicht: Textumfang, Schwierigkeitsgrad und Bezug auf KMK-Bildungsstandards

1 Die Kartoffel, ein Karrieretyp

1	■■	★★	Nacherzählen, zentrale Stichwörter in „roten Faden" eintragen (Stichwörter vorgegeben), dann diesen Stichwörtern folgend erzählen
2	■■	★★	Wortbedeutungen klären, Nachschlagewerke heranziehen oder andere fragen, Antworten schriftlich formulieren
3	■■■	★	Kartoffel-Steckbrief: Texte selektiv nutzen, Informationen vergleichen und begründet Schlussfolgerungen ziehen
4			Kreative Kartoffelkisten
1	■	★	Kartoffel alias …: Wortschatzarbeit, Nachschlagewerke heranziehen
2	■	★	Kartoffelsorten: Vorwissen aktivieren, Nachschlagewerke heranziehen
3	■	★★	Lieblingsrezept: Präzise Handlungsanweisung verfassen, Textfunktion: Informieren
4	■	★	Rätsel zu Anekdote lösen, dazu Text lesen
5	■	★★	Ringelnatz-Gedicht „Abschiedsworte an Pellka" kurz zusammenfassen, beschreiben, worauf der Witz basiert, dazu Leseerwartungen und Intentionen berücksichtigen
6	■	★★	Kartoffeldruck: Handlungsanweisung sortieren, Vorwissen und Leseerfahrungen nutzen
7	■	★	Silbenrätsel „Kartoffelgerichte": Wortbedeutungen klären
8	■	★★	Lückentext „Die Kartoffel – ein Verwandlungskünstler": Wörter aus Silbenrätsel verwenden, Vorwissen und Leseerfahrungen nutzen, begründet Schlussfolgerungen ziehen

2 Wolly und weitere Weltenbummler

1	■■■	★	Längeren Text lesen, zentrale Aussagen zusammenfassen
2	■■■	★	Erwähnte Tiere markieren, selektiv nachlesen
3	■■■	★★	Zutreffende Sätze bilden, Informationen vergleichen, Belege im Text markieren
4	■■■	★★★	Lückentext, Wortbedeutungen klären, in längerem Text selektiv nachlesen, dort markierte Wörter korrekt den Lücken zuordnen

3 Römers Radieschen und fliegende Früchte

1	■	★	Mittelalterlicher Speisezettel: Vermutungen und Vorerwartungen aufbauen
2	■■	★★	Vermutungen anhand von Text klären, begründet Schlussfolgerungen ziehen, Informationen zielgerichtet entnehmen, Bezüge zwischen Textteilen herstellen

4 ALDIs Ahnen: von Pfeffersäcken und Seefahrern

1	■■■	★★	Lückentext mit vorgegebenen Lückenwörtern ergänzen
2	■	★	Lebensmittel-Detektiv: Verpackungsbeschriftungen nutzen, Informationen gezielt und selektiv entnehmen
Z	■	★★	Vermutungen formulieren, Nachschlagewerke heranziehen, um sie zu überprüfen
3	■	★	Erhardt-Gedicht „Warum die Zitronen sauer wurden": Reime untersuchen
4	■	★	Verwandte der Zitrone: Nachschlagewerke nutzen
5	■	★	Familienähnlichkeit der Zitrusfrüchte: Nachschlagewerke nutzen, Informationen gezielt entnehmen und zusammenfassen

5 Meerschwein und Müller: die Welt der Namen

1	■■	★	Herkunft von Namen erklären, Informationen aus Text für begründete Schlussfolgerungen heranziehen, eigene Vermutungen formulieren
2	■■	★	Internet-Recherche zu Namen
3		★	Ausländische Namen erklären
4	■■■	★	Familiennamen Gruppen zuordnen, Informationen aus vorherigen Texten und Aufgaben für begründete Schlussfolgerungen nutzen
5	■	★	Text bewerten, Bezug auf eigene Erfahrungen herstellen, Meinung begründen

6 *Erzählungen aus Tausendundeiner Nacht* und die 1002. Nacht

1	■■	★	Lücken in Meilenstein-Text füllen, gezielt und selektiv nachlesen
2	■■	★	Wortbedeutungen klären
3	■■	★★	Im Text erwähnte Länder und Orte im Atlas nachschlagen, Reisen nachvollziehen
4	■■	★★	Steckbrief ausfüllen, längerem Text gezielt Informationen entnehmen
5	■■	★★★	„Stimmt das?"-Fragen zu längerem Text beantworten, dort selektiv nachlesen
6		★★	Stoff für die 1003. Nacht (Gruppenarbeit): Textmerkmale gezielt wählen

1   Die Kartoffel, ein Karrieretyp

Wenn ihr denkt, dass die Kartoffel eine urdeutsche Knolle sei, irrt ihr euch gründlich. Sie ist eigentlich Ausländerin, stammt aus den südamerikanischen Anden* und wurde erst im 16. Jahrhundert nach Europa gebracht. Dort wurde sie zunächst allerdings nicht als Gemüse, sondern wegen ihrer schönen Blüte und des üppigen Laubs geschätzt. Als seltene Pflanze schmückte die Kartoffel botanische Gärten oder die Pflanzkübel von Fürsten und Gelehrten; sie war viel zu kostbar, um in den Kochtopf zu wandern.

Eine landwirtschaftliche Nutzung in größerem Stil begann erst viel später. Das Misstrauen gegen das fremdländische Gewächs war groß: Schließlich gehört es zur Familie der Nachtschattengewächse*, ist eine Frucht der Finsternis und ungekocht ungenießbar. Manch einer hat sich damals an den oberirdischen Früchten oder der rohen Knolle den Magen verdorben und die Kartoffel als Teufelszeug verflucht!

Irland, damals englische Kolonie*, war im 17. Jahrhundert Vorreiter* bei der Einführung der Kartoffel nach Europa. Die anspruchslose Frucht gedieh auch auf schlechten Böden, hatte einen höheren Ernteertrag als Getreide, und ließ sich – wusste man erst einmal wie – auch noch viel leichter zubereiten. Doch Irland war weit entfernt vom Kontinent*, sodass es noch ein Jahrhundert dauerte, bis sich das Gewächs auch dort verbreiten konnte – nun unter tätiger Mithilfe von Fürsten und Königen, die die Kartoffel aus ihren Gärten den Untertanen zum Anbau übergaben.

Aber wie gesagt: Das Misstrauen gegen die Knolle war groß. Friedrich der Große* startete in seinem Königreich Preußen* einen Propagandafeldzug und verfiel auf eine List: Er ließ, so erzählt man, rund um Berlin die ersten Kartoffeläcker anlegen und von Soldaten bewachen. Die hatten Anweisung, nicht so genau hinzuschauen und sich schlafend zu stellen. Und tatsächlich kamen des Nachts die Bauern und stopften sich die Taschen voll: Denn was so bewacht wurde, musste ja etwas ganz Besonderes sein! Das wollte man auch probieren. Der Siegeszug der Kartoffel in Deutschland hatte begonnen!

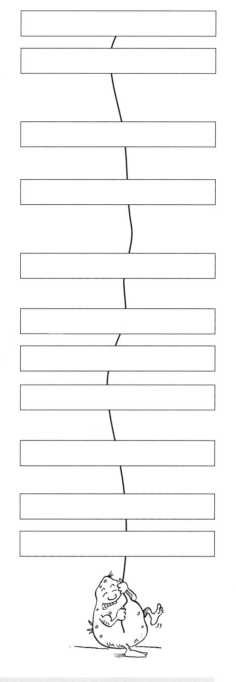

❶ *Hast du alles verstanden?*
Kannst du die Geschichte nacherzählen?

Mach es dir einfach. Fülle den „roten Faden" rechts aus.
Diese Stichwörter können dir dabei helfen:

Anden	anspruchslos	Ausländerin	Irland	Könige	Kontinent
Landwirtschaft	Preußen	Trick	roh ungenießbar	Zierpflanze	

Wenn du dann den Text abdeckst, kannst du dich bei der Nacherzählung an den Stichwörtern am rechten Rand „entlanghangeln".

A. Hartmann/S. Klöver: „Die Geburtsstunde der Gummibärchen"
© Edition MoPäd

❷ *Wenn ihr den Text insgesamt verstanden habt, so gibt es vielleicht doch noch einige Fragen. Bitte klärt die sieben im Text mit Sternchen * gekennzeichneten Begriffe. Das ist nicht einfach, wenn man allein arbeitet.*
Klärt offene Fragen in der Gruppe oder fragt eure Eltern.

① Die Anden – wo liegen die eigentlich? _____

② Nachtschattengewächse – was versteht man darunter? _____

   Welche Pflanzen gehören noch zu dieser Familie? _____

③ Eine Kolonie – wisst ihr, was das ist? _____

④ Was macht eigentlich ein Vorreiter? Sitzt er hoch zu Pferde? _____

   _____

⑤ Was ist hier mit Kontinent gemeint? _____

⑥ Friedrich der Große – schaut bitte mal nach:

   Wann hat er gelebt? _____

   Warum trägt er den Beinamen „der Große"? _____

   Welchen Spitznamen hatte er außerdem? _____

⑦ Preußen – was war oder ist das? _____

❸ *Wenn ihr diese Aufgabe gelöst habt, dann tragt bitte alle Ergebnisse in eurer Klasse zu einem Kartoffel-Steckbrief zusammen:*

Kartoffel-Steckbrief

Name: _____

Heimat: ursprünglich _____

Gewicht: von _____ g bis _____ g (durchschnittlich)

Farbe: _____

Länge: von _____ cm bis _____ cm (durchschnittlich)

Familie: _____

Erster Auslandsaufenthalt in: _____

Ihr wichtigster Fan in Europa war: _____

Am liebsten lässt sie sich zu _____ verarbeiten.

Was sonst noch über sie zu sagen ist: _____

_____

❹ Die kreativen Kartoffelkisten

1 Kartoffel alias …

Man hat ihr ganz verschiedene Namen gegeben. Kennst du andere Begriffe oder regionale Ausdrücke für die Kartoffel? Aus dem Dialekt deiner Gegend? Durch Reisen? Vielleicht auch aus Märchen? Oder in anderen Sprachen?

Notiere ein paar Beispiele:

_____   _____   _____

2 Kartoffelsorten

Um sie besser verkaufen zu können, hat man den einzelnen Sorten klingende Namen gegeben. Kannst du einmal Marktforschung betreiben und auf dem Wochenmarkt oder im Supermarkt nachschauen, welche Sorten dort im Handel sind und wie sie heißen? Das Angebot ist überschaubar: Von den rund 5000 Kartoffelsorten, die es auf der Welt gibt, sind in Deutschland gerade mal 150 bekannt. Da solltest du leicht auf ein halbes Dutzend kommen:

_____   _____   _____

_____   _____   _____

3 Man hat ganz verschiedene Gerichte aus ihr zubereitet.

Welche Rezepte kennst du?

Schreibe als Hausaufgabe einmal auf, wie dein liebstes Kartoffelgericht gekocht wird.

Vielleicht sind dir bei der Beschreibung einige der folgenden Verben nützlich:

waschen – putzen – schälen – zerkleinern – halbieren – (an)braten – salzen – dazugeben – (ab)gießen – pfeffern – köcheln – schneiden – verteilen – ausrollen – warten – probieren – kneten – streuen – rühren – wenden – reiben – zubereiten – hacken – mischen – backen – stampfen – pellen – vierteln – frittieren

4 Rätsel

Um welches Kartoffelgericht geht es in dieser Anekdote?
Finde eine Überschrift.

_____

Mitte des 19. Jahrhunderts bewirtete der Amerikaner George Krum einen anspruchsvollen Gast, dem die gebratenen Kartoffelstücke zu dick waren.
Der Koch verkleinerte sie, der Gast nörgelte weiter.
Das ging mehrmals so hin und her, bis der verärgerte Koch die Kartoffeln schließlich in so dünne Scheiben schnitt,
dass sie beim Braten ganz verbrutzelten.
Jetzt ließen sie sich zwar nicht mehr mit der Gabel aufspießen,
aber der Gast war begeistert von dieser knusprigen Köstlichkeit.

5 *Besungen bzw. bedichtet hat man die Kartoffel auch; so hat Joachim Ringelnatz (1883–1934)*
*folgende „**Abschiedsworte an Pellka**" gerichtet:*

Jetzt schlägt deine schlimmste Stunde,
Du Ungleichrunde,
Du Ausgekochte, du Zeitgeschälte,
Du Vielgequälte,
Du Gipfel meines Entzückens.
Jetzt kommt der Moment des Zerdrückens
Mit der Gabel – – Sei stark!
Ich will auch Butter und Salz und Quark
Oder Kümmel, auch Leberwurst in dich stampfen.
Musst nicht so ängstlich dampfen.
Ich möchte dich noch einmal erfreun.
Soll ich Schnittlauch über dich streun?
Oder ist dir nach Hering zumut?
Du bist ein so rührend junges Blut. –
Deshalb schmeckst du besonders gut.
Wenn das auch egoistisch klingt,
So tröste dich damit, du wundervolle
Pellka, dass du eine Edelknolle
Warst und dich ein Kenner verschlingt.

Kannst du mit eigenen Worten schildern, worum es in dem Gedicht geht?
Und kannst du auch beschreiben, woraus es seinen Witz bezieht?

6 *Kartoffeldruck*
Man verwendet die Kartoffel sogar manchmal im Kunstunterricht. Denn aus ihr lassen sich wunderbare
Stempel schnitzen, mit denen man Geschenkpapier, T-Shirts und viele andere Dinge farbig bedrucken
kann. Wie das geht?
Ganz einfach, nachdem du die Arbeitsschritte sortiert und nummeriert hast.

Du brauchst dazu:
– 3 große Kartoffeln (das reicht für 6 verschiedene Farben)
– 1 spitzes Messer
– 1 Bleistift
– Plätzchenformen, und zwar für jedes Muster eine
– Küchenkrepp zum Abtrocknen der fertigen Stempel
– Wasserfarben, und zwar am besten Stofffarben (die halten besonders gut)
– Papier oder Stoff (z.B. ein helles T-Shirt) zum Bedrucken

Tipp: ausschneiden – sortieren – nummerieren – aufkleben

Die Arbeitsschritte:

○ Schneide mit dem Messer alles weg, was sich außerhalb der Plätzchenform oder außerhalb deines Bleistiftmusters befindet, sodass nur die Figuren stehen bleiben. Die Plätzchenform bitte erst entfernen, wenn du alles drum herum weggeschnitten hast.	○ Tipp: Bevor du loslegst und vielleicht den Stoff oder ein T-Shirt ruinierst, solltest du deinen Stempel erst einmal auf billigem Papier testen. So kannst du bei Ungenauigkeiten im Muster noch einmal nachschnitzen oder überschüssige Farbe loswerden.
○ Male mit Bleistift die gewünschte Stempelform auf die Schnittflächen ODER drücke eine Plätzchenform (am besten aus stabilem Metall!) in die Schnittfläche.	○ Nun kannst du die Farbe auftragen. Wenn du mehr Farben als Stempel hast, solltest du mit dem hellsten Farbton beginnen.
○ Halbiere die Kartoffeln.	○ Tupfe den Kartoffelstempel mit Küchenpapier ab.

7 *Silbenrätsel „Kartoffelgerichte"*

Löse das Silbenrätsel, das – soviel sei verraten – aus 13 Kartoffelgerichten besteht.

Achtung: Es gibt einige Fremdwörter, bei denen dir ein Wörterbuch weiterhilft.

Tipp: Mit den gefundenen Begriffen sollst du dann den Lückentext ergänzen. Die Erklärungen des Lückentexts können auch helfen, um das Silbenrätsel zu lösen!

be – Brat – cchi – chen – chips – del – fel – fel – fel – fel – feln – feln – feln – Fri – Gno – Gra – Kar – Kar – Kar – Kar – kar – kar – kar – ket – Knoe – Kro – ku – lat – mes – pe – Pell – Pom – pue – ree – Rei – sa – Salz – sup – ten – tes – tin – tof – tof – tof – tof – tof – tof – tof

B _ _ _ _ _ _ _ _ _ _ _ _   G _ _ _ _ _ _   G _ _ _ _ _ _

K _ _ _ _ _ _ _ _ _ _ _ _ _   K _ _ _ _ _ _ _ _ _ _ _ _ _

K _ _ _ _ _ _ _ _ _ _ _ _ _   K _ _ _ _ _ _ _ _ _ _ _ _ _

K _ _ _ _ _ _   K _ _ _ _ _ _ _ _ _

P _ _ _ _ _ _ _ _ _ _ _ _   P _ _ _ _ _ _   _ _ _ _ _ _

R _ _ _ _ _ _ _ _ _ _   S _ _ _ _ _ _ _ _ _ _ _ _ _ _

8 *Lückentext*

Wenn du die in Klammern genannten Buchstaben der ersten 11 Wörter aneinanderreihst, dann erhältst du als Lösungswort eine süddeutsche Bezeichnung für Kartoffeln.

Die Kartoffel – ein Verwandlungskünstler

① (_) _ _ _ _ _ nennt man im Ofen mit Sahne und Käse überbackene Kartoffelscheiben.

② In der Schale gekocht nennt man sie _ _ _ _ _ _ (_) _ _ _ _ _ _ _ _ .
Dazu schmeckt Quark prima.

③ Für diese „Pampe" sind Kinder oft nicht zu begeistern: _ _ _ _ _ _ _ _ _ _ (_) _ _ _ _ .

④ _ _ _ _ _ _ _ _ _ _ _ _ _ _ (_) brauchen eine leckere Soße.

⑤ Klöße ist ein anderes Wort für _ _ _ _ (_) _ _ .

⑥ _ _ _ _ _ _ _ _ _ (_) _ _ _ _ sollte man selber machen und nicht in der Packung kaufen.

⑦ Fast jedes Kind liebt _ _ _ _ _ _ _ _ _ (_) _ _ _ . Am liebsten „rot-weiß".

⑧ Bei _ (_) _ _ _ _ _ _ _ handelt es sich um knusprig frittierten Kartoffelteig.

⑨ Und _ (_) _ _ _ _ _ stammen wie Spaghetti aus Italien.
Daher ist Tomatensoße ihr ständiger Begleiter.

⑩ _ _ _ _ _ _ _ _ _ _ _ _ _ _ (_) ist ein beliebter Eintopf, den man gerne mit Würstchen genießt.

⑪ _ _ _ _ _ _ _ _ _ _ _ (_) ist ein anderes Wort für Kartoffelpuffer.
Die schmecken köstlich mit Apfelmus.

⑫ _ _ _ _ _ _ _ _ _ _ _ _ _ _ essen manche Leute am liebsten auf der Couch vor dem Fernseher.

⑬ _ _ _ _ _ _ _ _ _ _ _ _ _ _ _ _ mit Würstchen: immer noch ein Klassiker auf vielen Partys.

Das Lösungswort lautet: | | | | | | | | | | | |

2 Wolly und weitere Weltenbummler

Kartoffel und Kautschuk waren in Europa gefeierte Neuentdeckungen, denen man mit Freude eine Seereise über den Atlantik bezahlte.
Der folgende Text von Tim Ackermann stellt Exoten vor, die eines Tages uneingeladen auftauchten und für immer blieben:

Kein guter Tag für den Aal. Eben noch ist er so schön durch die *Havel* geschwommen. Hat nach ein paar Würmern geschnappt. Und jetzt hängt er in dieser elenden Fisch*reuse* fest. Zu blöd. Aber es kommt noch schlimmer. Plötzlich beschleicht den Aal ein ganz mieses Gefühl. Erst sieht er den Sand, der im Flussbett aufgewirbelt wird. Dann sieht er nur noch Scheren. Haufenweise schnappende messerscharfe Scheren. Ein Heer Chinesischer Wollhandkrabben auf dem Vormarsch. Wenn die hier durch sind, gibt es keine Reuse mehr und keinen Aal.

„Wolly" kam unabsichtlich nach Deutschland. Es muss so das Jahr 1910 sein. Da dümpelt sie noch friedlich in der heimatlichen Flussmündung des *Yangtsekiang* – als Wollhandkrabbenlaich. Doch plötzlich wirft ein deutscher Frachter, der seine Ladung im Hafen von Shanghai losgeworden ist, die Pumpen an und tankt *Ballast*wasser für die Rückfahrt nach Hamburg. Die nächsten Wochen überlebt der Wolly-*Laich* mit einigen Artgenossen im stählernen Schiffsrumpf. In Hamburg angekommen, nimmt der Frachter wieder Ladung auf, pumpt das Wasser ab und entlässt Wolly in ihre neue Heimat: ähnliches Klima wie in China. Keine Feinde. Prima. Als es bald in der Elbmündung von geschlüpften Wollhandkrabben wimmelte, machte sich Wolly auf den Weg den Fluss hinauf. Mal schauen, wie's da so ist.

Seit Flugzeuge und moderne *Containerschiffe* die Entfernungen zwischen den einzelnen Kontinenten immer schneller zurücklegen, ist es für die tierischen Passagiere einfacher, die Reise zu überstehen. Oft benehmen sich die Neuankömmlinge wie die Axt im *Ökosystem* und verdrängen die einheimischen Tiere und Pflanzen. Die Geschichte dieser biologischen Invasionen ist aber lang. Schon die Steinzeitmenschen haben unter ihren Fußnägeln Pflanzensamen aus Afrika nach Europa gebracht. Zu einem massenhaften Artensterben kam es jedoch erst, als die Europäer im Zeitalter des *Kolonialismus* Erdteile aufsuchten, die sich über Jahrtausende in absoluter Abgeschiedenheit entwickelt hatten.

Der englische Farmer Thomas Austin hatte 1859 vermutlich keine Ahnung, was er anrichten würde, als er 24 Wildkaninchen aus England in seine neue Heimat Australien holte. Die Kaninchen konnten sich ohne natürliche Feinde prächtig vermehren. Noch heute graben die Nachfahren der langohrigen *Pioniere* millionenfach den australischen Kontinent um. Sie fressen massenhaft Pflanzen ab und sorgen so für Bodenzerstörung und das Aussterben einheimischer *Konkurrenten*.

Merkwürdig, wie überall in der Welt die gleichen Fehler gemacht wurden. Wohl auch, weil die Folgen oft erst Jahrzehnte später abzusehen sind.

Auch die Haltung von nordamerikanischen Waschbären in einer Pelztierfarm bei Berlin sollte ungeahnte Folgen für das Brandenburger Ökosystem haben. Als die Anlage 1945 durch einen Bombentreffer beschädigt wurde, verschwanden 25 Tiere im märkischen Busch. Im Jahr 2000 schätzt man die Zahl ihrer Nachkommen auf grob 6000. 6000 Waschbären, die jetzt fröhlich Obstplantagen und Maisfelder plündern.

Man kann eine biologische *Invasion* immer aus verschiedenen Sichtweisen heraus bewerten. Sie muss nicht unbedingt *negativ* sein. Eine Erfolgsgeschichte ist die Mandarinente. Der chinesische Wasservogel mit dem farbenprächtigen Gefieder wurde zuerst im Berliner Zoo angesiedelt. Doch wie viele Großstädter entdeckte auch die Mandarinente den Reiz des Umlandes. Heute brüten allein 70 Paare des Zuzüglers auf den Seen im Potsdamer Raum. Tendenz steigend. In seinem Ursprungsland China dagegen verschwindet der Vogel allmählich. Ist es ein Glück, dass es sie bei uns noch gibt? Oder sollen wir sie etwa rausschmeißen, weil sie in Brandenburg nicht heimisch ist? Dies sind Fragen nach der Verantwortung des Menschen in einer *globalisierten Welt*.

Wolly ist mittlerweile gut in Brandenburg angekommen. Nur zum Laichen wandert sie wieder zur Elbmündung zurück. Das Restjahr aber wühlt sie sich wohlig durch den Havelschlamm. Einziger *Wermutstropfen*: Allmählich haben auch Wollhandkrabben Feinde in Berlin und Brandenburg. Denn mehr und mehr Chinesen ziehen dorthin. Und im Gegensatz zu den deutschen Fischern halten die asiatischen Neubürger Wolly für eine echte Delikatesse.

A. Hartmann/S. Klöver: „Die Geburtsstunde der Gummibärchen"
© Edition MoPäd

❶ *Worüber berichtet der Text? Antworte im Heft.*

❷ *Welche Tiere werden erwähnt? Markiere sie im Text.*

❸ *Kreuze an, welches Satzende stimmt.*
Unterschlängele die entsprechenden Stellen im Text.

① Im Text steht, dass …

E   Waschbären auf einem Dampfer von Australien nach Berlin eingewandert sind.
I   Wolly als Laich im Ballastwasser eines Schiffes von China nach Hamburg reiste.
O   Wolly aus einem chinesischen Restaurant in Berlin in die Havel flüchtete.

② Die Mandarinente lebt heute frei in Deutschland, weil …

N   sie hier schon immer gelebt hat.
M   einige Exemplare dieser chinesischen Vogelart aus dem Berliner Zoo
    ausrissen und ihr Glück in der Freiheit suchten.
L   chinesische Zuwanderer sie mit nach Deutschland brachten.

③ Die Nachfahren englischer Wildkaninchen sind in Australien ein Plage, weil …

S   sie den einheimischen Raubtieren und den Ureinwohnern nicht schmecken.
P   sie sich stark vermehren und viel zu viele wertvolle Pflanzen verputzen.
T   sie zu viele einheimische Tiere fressen.

④ Waschbären sind in Brandenburg nicht beliebt, weil sie …

O   sich stark vermehren und als gefräßige Räuber in der Landwirtschaft und Natur große Schäden
    anrichten.
I   sie sich 1945 nicht zu Pelzjacken verarbeiten lassen wollten.
E   sie eine starke Konkurrenz für unsere wilden deutschen Bären sind.

⑤ Wolly, Waschbär und Wildkaninchen haben sich in der neuen Heimat prächtig vermehrt, weil sie …

N   von allen Kindern geliebt und gefüttert werden.
R   keine natürlichen Feinde haben und sich gut anpassen können.
S   es verboten ist, Jagd auf sie zu machen.

⑥ Im Text steht, dass …

D   neu eingewanderte Tiere ganz prima sind, weil z.B. die Menschen in Brandenburg gerne
    Entenbraten und Krabbenfleisch essen.
M   die ungebetene Einwanderung von Tiere gestoppt werden soll. Wer hier nicht heimisch ist,
    soll hier auch nicht leben.
T   die Einwanderung neuer Tier- und Pflanzenarten, je nach Situation, mal gut und mal weniger
    gut ist.

Lösungswort: | | | | | | |

A. Hartmann/S. Klöver: „Die Geburtsstunde der Gummibärchen"
© Edition MoPäd

❹ Beim aufmerksamen Lesen von „Wolly und andere Weltenbummler" bist du sicher auf einige Wörter gestoßen, die du nicht auf Anhieb verstanden hast.
Bitte ordne die dort kursiv gedruckten Wörter korrekt in die folgenden erklärenden Lückensätze ein.

① Als __ __ __ __ __ __ __ __ __ __ __ __ bezeichnet man einen Rivalen, das heißt jemanden, der z.B. beim Sport oder in der Nahrungsbeschaffung dasselbe will wie du.

② __ __ __ __ __ __ __ __ sind Wegbereiter. Das heißt, sie besiedeln z.B. als erste bestimmte Gebiete.

③ Die __ __ __ __ __ ist ein Fluss in Brandenburg.

④ Als __ __ __ __ __ __ bezeichnet man Fangvorrichtungen, die von den Fischern gestellt werden, um z.B. Aale zu fangen.

⑤ Mit __ __ __ __ __ __ __ __ __ __ __ __ __ ist gemeint, dass eine schöne Sache aus irgendeinem Grund nicht ganz perfekt ist (wenn z.B. die letzten Tage deines schönen Urlaubs verregnet sind).

⑥ __ __ __ __ __ __ __ __ __ __ __ __ __ __ __ transportieren ihre Ladung nicht mehr lose oder in Säcken oder Kisten, sondern in großen Metallbehältern, die im Hafen direkt auf einen LKW oder Zug geladen werden können.

⑦ Mit __ __ __ __ __ __ __ __ ist der Einmarsch oder das gewaltsame Eindringen gemeint, z.B. von Bakterien in die Blutbahn oder von feindlichen Truppen in ein Land.

⑧ Als __ __ __ __ __ bezeichnet man die im Wasser abgelegten Eier von Fischen, Krustentieren usw.

⑨ Das Adjektiv __ __ __ __ __ __ __ bezeichnet das Gegenteil von positiv.

⑩ Als __ __ __ __ __ __ __ __ __ bezeichnet man das Zusammenspiel aller Lebewesen in einem bestimmten Gebiet (einer Stadt, einem Wald, einer Klimazone etc.).

⑪ Viele europäische Staaten hatten im 19. Jahrhundert fremde Länder und Kontinente erobert, um die Rohstoffe auszubeuten und ihre Macht zu festigen.
Diese Politik nennt man __ __ __ __ __ __ __ __ __ __ __ __ __.

⑫ In einer __ __ __ __ __ __ __ __ __ __ __ __ __ __ __ __ __ __ sind alle Menschen eng miteinander verbunden und voneinander abhängig. Das bedeutet z.B., dass in Brasilien die Kaffeepflanzer weniger verdienen, wenn in Europa die Käufer auf Tee umsteigen. Oder dass im Land X Arbeitsplätze verloren gehen, wenn im Land Y dieselbe Arbeit billiger zu haben ist, weil die Menschen dort weniger verdienen.

⑬ Der chinesische __ __ __ __ __ __ __ __ __ __ __ __ ist mit über 6000 km der drittlängste Fluss der Welt. An seinen Ufern leben 200 Millionen Menschen.

⑭ Wenn der untere Teil der Schiffe leer ist, dann können sie leicht kentern. Daher müssen sie zum Gewichtausgleich __ __ __ __ __ __ __ aufnehmen.

3 Römers Radieschen und fliegende Früchte

Wir verlassen das Reich der Tiere und widmen uns den Pflanzen, genauer gesagt, den Obst- und Gemüsesorten.
Wir beginnen mit einem spontanen Test.
Wir haben vieles von dem, was man heute an einem deutschen Gemüsestand findet, in eine Kiste gepackt.
Kennst du alle diese Obst- und Gemüsesorten? Gut. Dann bemühe einmal deine Fantasie und stell dir vor,
du lebst nicht im 21., sondern im 11. Jahrhundert.

❶ *Was glaubst du, welche Sorten schon auf einem mittelalterlichen Speisezettel in Deutschland anzutref-*
fen waren?
Streiche die Obst- und Gemüsesorten durch, die es deiner Meinung nach hier vor 1000 Jahren noch nicht
gab.

Ananas – Apfel – Apfelsine – Aprikose –

Aubergine – Avocado – Banane – Birne –

grüne Bohne – Brombeere – Brokkoli –

Erbse – Erdbeere – Grapefruit – Grünkohl –

Gurke – Heidelbeere – Himbeere – Johannisbeere –

Kartoffel – Kirsche – Kiwi – Knoblauch –

Kopfsalat – Kürbis – Lauch – Mandarine –

Mango – Maracuja – Möhre – Papaya –

Paprika – Pfirsich – Pflaume – Radieschen –

Rotkohl – Rote Beete – weiße Rübe – Sanddorn –

Sellerie – Spargel – Spinat – Stachelbeere –

Tomate – Wassermelone – Weintrauben –

Weißkohl – Zitrone – Zucchini – Zwiebel

FRUIT!

Na, wie viele bleiben deiner Meinung nach übrig in deiner Kiste? Viel? Wenig?
Die Antwort findest du im folgenden Text:

A. Hartmann/S. Klöver: „Die Geburtsstunde der Gummibärchen"
© Edition MoPäd

Römers Radieschen und fliegende Früchte

Vor tausend Jahren hatten die Menschen in Mitteleuropa einen im Vergleich zu heute kümmerlich kurzen Speisezettel. Gerade bei Obst und Gemüse herrschte wenig Auswahl.

Und ohne die Römer, die ab dem 1. Jahrhundert unserer Zeitrechnung Teile Germaniens eroberten, hätten unsere Urahnen noch weniger Abwechslung gehabt. Denn den Römern verdanken wir Aprikosen, Pfirsiche, Grünkohl, Knoblauch, Weintrauben, die Vorfahren der Möhre, Radieschen, Kopfsalat, Lauch, Zwiebel, Gurke und Spargel.

Die Römer hatten diese Obst- und Gemüsesorten aus ihren Kolonien südlich des Mittelmeers mitgebracht. Später schleppten ihre Soldaten Samen und Pflanzen auf ihren Eroberungszügen über die Alpen. Denn ein Leben ohne Knoblauch & Co. wäre im eroberten Mitteleuropa noch freudloser für sie gewesen. Und so pflanzten sie Weinreben am Ufer des Rheins und Zwiebeln und Kopfsalat in den Gärten um ihre Militärlager.

Auch die Italiener als Nachfahren der Römer haben sich um unseren Speisezettel verdient gemacht. Schon vor 800 Jahren waren in Italien Gemüsesorten wie Auberginen, Zucchini, Brokkoli oder Spinat verbreitet. Gemeinsam mit Zitronen, Apfelsinen oder Wassermelonen fanden sie von dort langsam den Weg auf die Teller und in die Gewächshäuser des europäischen Adels und einige Jahrhunderte später auch zu unseren Märkten und Supermärkten.

Das Zeitalter der Entdeckungsreisen bescherte uns dann nach 1492 viele neue Obst- und Gemüsesorten, wie z.B. die Ananas, die seit 1690 in Europa bekannt ist. Aber es sollte noch ein gutes Jahrhundert dauern, bis exotische Früchte Verbreitung auf unseren Feldern und in unseren Kochtöpfen gefunden hatten. „Was der Bauer nicht kennt, das frisst er nicht", lautet ein altes Sprichwort, und so setzten sich die aus Amerika stammenden Kartoffeln, grünen Bohnen, Kürbisse, Paprika und Tomaten erst im 19. Jahrhundert durch. Die Menschen waren halt misstrauisch. Hinzu kam, dass Früchte, die hierzulande nicht wuchsen, viel zu teuer waren.

Vor dem Ersten Weltkrieg kannte kaum ein deutsches Kind den Geschmack von Bananen, und auch Mandarinen und Grapefruit setzten sich erst in den 20er Jahren des 20. Jahrhunderts langsam durch. Ihr Siegeszug ist in erster Linie auf den Bau immer größerer Frachtschiffe zurückzuführen, die immer größere Mengen Obst immer schneller, und damit immer billiger, über den Atlantik oder das Mittelmeer nach Europa schafften.

Ab den 70er Jahren des 20. Jahrhunderts kamen dann die „Flugfrüchte" zu uns. All die leckeren Sorten, die sich, wie z.B. Avocados, aufgrund ihrer Empfindlichkeit nicht so gut auf Schiffen transportieren ließen, landeten jetzt in den Frachträumen der Flugzeuge. Und so kamen Kiwi und Mango, Papaya und Maracuja in unseren Obstsalat, unser Fruchteis, unseren Joghurt und die Marmelade.

❷ *Hast du den Text verstanden? Man muss sich etwas konzentrieren und logisch denken, um die Antwort zu finden.*

Okay?

Dann schreibe bitte die Obst- und Gemüsesorten aus der Kiste auf, die die Mitteleuropäer im 11. Jahrhundert kannten.
Du kannst sie auch in der Obst- und Gemüsekiste auf der vorigen Seite einkreisen.

Tipp: Zu 17 heimischen Sorten kommen 12 frühe Importe.

4 ALDIs Ahnen: von Pfeffersäcken und Seefahrern

❶ *Der folgende Lückentext erklärt, wie der weltweite Handel unseren Speiseplan bereichert hat.*
Die Stichworte auf der nächsten Seite helfen dir, die Lücken zu füllen.

Seit es uns Menschen gibt, haben wir uns eigentlich nicht so sehr verändert. Schon vor Tausenden von

Jahren wollten wir Menschen satt werden, möglichst lange leben, uns hübsch machen, neue und inter-

essante Dinge kennenlernen und möglichst auch besitzen.

Die Natur hatte ihre Schätze sehr unregelmäßig über den _____ verteilt, sodass die Menschen

früh begannen, ihren Besitz durch Tausch zu vermehren. Wer z.B. an der Nordsee wohnte, konnte

_____ gewinnen und diese lebenswichtige Ware bei seinen südlichen Nachbarn gegen Wein eintau-

schen. Besonders früh begannen Mittelmeervölker wie Griechen, _____ und Araber damit, ihre

Kaufleute in ferne Länder zu schicken. So kamen nach und nach Pflanzen, Tiere, Waren wie Gewürze,

Wolle, Leder oder _____ , aber auch Wörter oder Erfindungen von Asien nach Europa und

umgekehrt. Noch heute erinnern Namen wie „_____“, „Bernsteinstraße“,

„Salzstraße“ an die Wege, welche die Menschen Europas und Asiens über viele Jahrhunderte hinweg

verbanden.

Auch „unsere“ gute alte _____ hat vor vielen hundert Jahren vermutlich in der

Satteltasche eines Kaufmanns den langen Marsch von Ostasien nach Italien genommen. Das merkt

man bis heute noch an ihrem Namen, denn Apfelsine bedeutet schlicht „Apfel aus China“. Vor etwa

1000 Jahren wurden dann einige europäische Städte immer größer und mächtiger. Es entstanden

bedeutende Städte wie _____ , Genua oder der europäische Kaufmannsbund der

_____ , der in seiner Blütezeit von London bis Nowgorod (Russland) reichte. Sie alle trieben

_____ , denn die Bevölkerung Europas war gewachsen, und man brauchte mehr Waren,

als man auf dem Rücken von Lasttieren zu Fuß transportieren konnte. Das Leben dieser Kaufleute war

ziemlich gefährlich. Oft waren sie viele Jahre von zu Hause fort. Viele von ihnen kamen nie wieder nach

Hause, weil sie unterwegs an Krankheiten starben, überfallen wurden oder in Gefangenschaft gerieten.

Ein großes Problem für die Hanse waren _____

wie der berühmte Klaus Störtebeker. Doch viele Kaufleute, die

man oft spöttisch in Anspielung an eine wichtige Ware als

„_____“ bezeichnete, wurden märchenhaft reich.

Denn die Kunden zahlten manchmal verrückte Preise für allerlei

Schnickschnack. (Eigentlich hat sich das bis heute nicht verändert,

oder?) 1630 litt Amsterdam am berühmten „Tulpenwahn“. Ein

Reisender hatte erstmals diese hübsche Frühlingsblume vom Hof des

türkischen _____ mitgebracht. Drei _____

A. Hartmann/S. Klöver: „Die Geburtsstunde der Gummibärchen“
© Edition MoPäd

wurden dann in einer Kneipe zu einem Preis verkauft, für den man sich ein tolles Haus hätte leisten können.

Nach der Entdeckung Amerikas im Jahre 1492 entwickelte sich der _____ rasant weiter.

Zu den wichtigsten Seefahrer- und _____ zählten England, die Niederlande,

Spanien und Portugal. Tomaten, Tabak und Kartoffeln gehörten zu den ersten Passagieren, die über den

_____ nach Europa kamen. Leider muss auch eines der schwärzesten Kapitel der

Geschichte hier erwähnt werden. Europäische Händler verschleppten Millionen von Afrikanern auf ihren

Schiffen nach Amerika, wo sie über Jahrhunderte als rechtlose _____ auf den _____

arbeiten mussten.

Handelsschiffe waren alles andere als „Traumschiffe". Und so starben auch die _____ buch-

stäblich wie die Fliegen. Und zwar an Krankheiten, an Kälte, Erschöpfung, falscher Ernährung und ver-

dorbenen Lebensmitteln. Nach vielen Wochen auf See wurde das Trinkwasser faulig und der Schiffs-

zwieback, das wichtigste Nahrungsmittel, wimmelte von Käfern und Würmern. Auch die berühmte

„Meuterei auf der Bounty" spielte sich nicht auf einem romantischen Luxussegler ab. Dieses Schiff

war eigentlich eine Art „segelndes Treibhaus", auf dem man die in der Südsee wachsenden Brotfrucht-

bäume als _____ für amerikanische Sklaven transportieren wollte. Und die Pflanzen wur-

den leider besser gepflegt als die menschliche Besatzung, denn sie waren sehr kostbar.

Selbst _____ haben die Konsumgewohnheiten der Menschen beeinflusst. So gibt es die

berühmten Wiener Kaffeehäuser erst, seitdem die Türken Ende des 17. Jahrhunderts ihre Belagerung

von Wien aufgaben und einige Säcke _____ zurückließen.

Und schon ab dem 18. Jahrhundert waren viele Produkte aus anderen Kontinenten von europäischen

Speisezetteln gar nicht mehr wegzudenken. Wobei hiesige Gärtner und _____ oft sehr

geschickt waren, wenn es darum ging, die zugereisten Pflanzen und Tiere einzubürgern. Tomaten,

Kartoffeln oder Mais wachsen nun auch auf hiesigen Feldern, auf denen auch der ursprünglich aus

China stammende _____ herumstolziert.

Außerdem gibt es ja noch _____ und Züchter, die durch Auslese einige ursprüng-

lich empfindliche Gewächse abgehärtet und an unser _____ gewöhnt haben.

Glaubst du, das Zeitalter der Entdecker und Händler ist vorbei? Irrtum: Nach wie vor durchstreifen

Wissenschaftler und Abenteurer die hintersten Winkel dieser Erde auf der Suche nach unbekannten

Pflanzen. Denn wer weiß: Vielleicht lässt sich aus ihnen ein neuartiges Medikament herstellen, das

schwere Krankheiten heilt, oder eine Creme, die Falten glattbügelt. Die Jagd nach dem Neuen geht also

weiter …

Apfelsine – Atlantik – Fasan – Gewächshäuser – Globus – Handelsnationen – Hanse –
Kaffeebohnen – Klima – Kriege – Matrosen – Nahrung – Pfeffersäcke – Plantagen – Porzellan –
Römer – Salz – Seehandel – Seeräuber – Seidenstraße – Sklaven – Sultans – Tulpenzwiebeln –
Venedig – Welthandel – Züchter.

❷ a) *Nimm alle Lebensmittel, die du im Kühlschrank oder in der Vorratskammer findest, unter die Lupe. Welche findest du als Ergebnis des Welthandels in euren Regalen wieder?*
Um die Frage beantworten zu können, solltest du die Beschriftung auf Konserven, Tüten oder Tiefkühlkartons genau durchlesen. Notiere bitte nur Lebensmittel, die von fremden Kontinenten kommen.

Die Dose mit _____ kommt aus _____.

Die _____ stammt aus _____.

_____ wachsen in _____.

Die _____wurde in _____hergestellt.

Das Glas mit _____ kommt aus _____.

Die Büchse mit _____wurde in _____hergestellt.

b) *Frage bitte deine Eltern, welche Lebensmittel sie in ihrer Kindheit noch nicht kannten und notiere ihre Antworten hier:*

_____   _____

_____   _____

_____   _____

c) *Nun stelle deinen Großeltern dieselbe Frage und schreibe ihre Antworten auf:*

_____   _____

_____   _____

_____   _____

Zusatzaufgabe. *Nimm dir Fensterbänke, Tierkäfige, Balkon und Garten vor.*
Was glaubst du, welche Pflanzen oder Haustiere stammen ursprünglich aus wärmeren Teilen der Erde?
Notiere einige Beispiele:

Meine Vermutung: Import aus wärmeren Teilen der Erde	Lexikoncheck: Stimmt das?

A. Hartmann/S. Klöver: „Die Geburtsstunde der Gummibärchen"
© Edition MoPäd

Besonders die Zitrusfrüchte sind viel rumgekommen in der Welt.
Was sie ein wenig hochnäsig werden ließ.
Und so hat sich Heinz Erhardt auf seine Weise
mit der Geschichte der Zitronen beschäftigt:

Warum die Zitronen sauer wurden

Ich muss das wirklich mal betonen:
Ganz früher waren die Zitronen
(ich weiß nur nicht genau mehr, wann dies
gewesen ist) so süß wie Kandis.

Bis sie einst sprachen: „Wir Zitronen,
wir wollen groß sein wie Melonen!
Auch finden wir das Gelb abscheulich,
wir wollen rot sein oder bläulich!"

Gott hörte oben die Beschwerden
Und sagte: „Daraus kann nichts werden!
Ihr müsst so bleiben! Ich bedauer!"
Da wurden die Zitronen sauer.

❸ *Lies das Gedicht einmal laut.*
An welcher Stelle muss man beim Lesen mit der Betonung etwas achtgeben? (Markiere die Wörter.)

❹ *Kannst du einige Verwandte der Zitrone aus der Familie der Zitrusfrüchte benennen?*

_____   _____

_____   _____

_____   _____

❺ *Worin besteht die Familienähnlichkeit?*
Welche gemeinsamen Merkmale haben Zitrusfrüchte?

_____

_____

_____

_____

_____

_____

5 Meerschwein und Müller: die Welt der Namen

Das Meerschwein sprach zum Zoologen:
„Euch ham' se wohl das Hirn verbogen!
Mir so 'nen Namen zu verpassen!
Ich kann's bis heute noch nicht fassen!
Ich bin kein Schwein, bin keine Sau!
Mir wird von diesem Schwachsinn flau.
Und wieso „Meer"? Ich würd' ersaufen!
Ich fordere, mich umzutaufen.
Will Namen, schön wie ein Poem*,
Sonst spuck ich auf das Grab von Brehm!"

*Sprich:
Po-ehm
(= Gedicht)

Was sagt man dazu? Ziemlich unappetitliche Drohungen, die dieses Tier da ausstößt. Zumal der deutsche Zoologe und Schriftsteller Alfred Brehm (1829–1884) völlig unschuldig ist. Dessen weltberühmtes Lebenswerk heißt übrigens *Brehms Tierleben* (1876). Der Zoologe Brehm wurde 1884 nach vielen Expeditionen in seiner thüringischen Heimatstadt Renthendorf begraben. Da hätte das Meerschwein unter Umständen eine ziemlich weite Anreise zu dessen Grab.

Wie kam es nun zu dieser Namensgebung? Die verdankt das aus Südamerika stammende Nagetier der Tatsache, dass spanische Seefahrer es über das Meer, d.h. über den Atlantik, nach Europa brachten. Ähnlich wie Kartoffeln, Paprika etc. Außerdem quiekt das Tierchen bei Stress wie ein Hausschwein. Und schon verpasste man ihm einen entsprechenden Namen: Meerschwein.

Womit wir beim Thema unseres thematischen Ausflugs wären: **Namen**.

Jeder von euch hat einen Vornamen und einen Familiennamen, auch „Nachname" genannt. Und ihr denkt, das ist doch selbstverständlich. Ist es aber nicht; bzw. war es früher nicht. Eure frühmittelalterlichen Vorfahren hatten keine Familiennamen.

Bis zum 13. Jahrhundert etwa war das Leben noch übersichtlich. Die meisten deutschen Dörfer und Städte waren klein und jeder kannte jeden. Der Vorname genügte, um zu wissen, wer gemeint war. Es gab oft nur einen Karl oder einen Franz.

Dann wohnten immer mehr Menschen auf engstem Raum zusammen und man musste lernen, sie namentlich zu unterscheiden. Dies geschah zum Beispiel durch

– Berufe (Becker, Schmid, Müller)
– den Vornamen des Vaters (Hansen = der Sohn von Hans)
– die Herkunft (Hamburger, Bamberger, Merseburger)
– persönliche Eigenschaften (Lang, Fromm, Hübsch)

In anderen europäischen Sprachen funktioniert das ähnlich: Der englische Nachname Taylor bedeutet „Schneider", und der Russe Kovaljov heißt auf gut Deutsch „Schmied/Schmitt/Schmidt". Das ist doch ziemlich logisch, oder?

❶ *Nimm als Hausaufgabe einmal euer Telefonbuch zur Hand.*
Suche dir 20 Nachnamen heraus und erkläre ihre Herkunft.
Handelt es sich deiner Meinung nach um eine Berufsbezeichnung oder eine Eigenschaft?
Hast du vielleicht andere Erklärungen?

❷ *Nun zurück zum Meerschwein. Das tut ja ziemlich beleidigt, dabei gibt es Namen, die sind noch viel drolliger. Schau mal im Internet nach, dort findest du z.B. unter „www.echtenamen.de" Einträge über Namen aus dem Tier- und Pflanzenreich:*

Rosa Aal
Binsfeld

Jürgen Banani
München

Brigitte Büffel
Walsrode

Ferdinand Elefant
Ettlingen

Rosemarie Erdbeer
Chemnitz

Harry Hamster
Braunschweig

Reinhold Hühnermund
Siemrode

Elke Mieze
Buxtehude

Alarich Pflaumenbaum
Brühl

Rosa Hase
Hamburg

Lucia Schneckenreiter
St. Florian

Man findet dort auch Damen namens Rosa Fingernagel oder Gerda Dick-Groß. In Beckum lebt Michaela Kleine-Krabbe usw. Und was haben nur die Vorfahren von Benjamin Bösherz getrieben? Oder die von Alwin Brühschwein? Brunhilde Brummelte, Lieselotte Fiebert und Angela Maria Plappert sind ebenfalls deutsche Namensschöpfungen.

Und bitte glaubt nicht, dass sich seit Entstehung der Nachnamen im späten Mittelalter nichts mehr getan hat. Sprache ist etwas sehr Lebendiges, das sich ständig verändert. Seit den 80er Jahren des vorigen Jahrhunderts darf man in Deutschland Doppelnamen führen. Manche Leute beweisen dabei viel Sinn für das Besondere wie z.B. Andreas Holzklau-Waldvogel, Elfi Große-Flasche oder Clemens Große-Made. Auch Otto Große-Beilage heißt nicht jeder.

Was lernen wir daraus? Die Welt ist oft bunter und ulkiger als man denkt. Wäre doch langweilig, wenn alle nur Schneider oder Meier hießen, oder?

OTTO GROSSE-BEILAGE

❸ *Gruppenarbeit: Wie sieht es eigentlich mit ausländischen Familiennamen aus? Findet ihr mehr als 5 Beispiele aus unterschiedlichen Sprachen, die ihr erklären könnt?*

		Was denkst du über ungewöhnliche Nachnamen? Nie und nimmer??? Oder siehst du das gelassen?

❹ *Und zum Abschluss gibt es eine Namenskiste.*
Bitte ordne die Familiennamen den vier Gruppen zu.

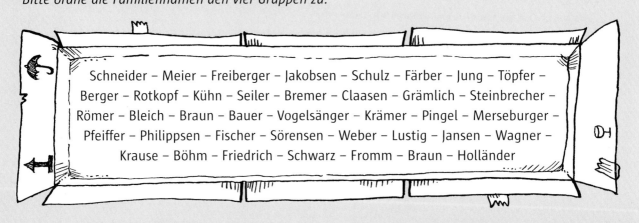

Schneider – Meier – Freiberger – Jakobsen – Schulz – Färber – Jung – Töpfer –
Berger – Rotkopf – Kühn – Seiler – Bremer – Claasen – Grämlich – Steinbrecher –
Römer – Bleich – Braun – Bauer – Vogelsänger – Krämer – Pingel – Merseburger –
Pfeiffer – Philippsen – Fischer – Sörensen – Weber – Lustig – Jansen – Wagner –
Krause – Böhm – Friedrich – Schwarz – Fromm – Braun – Holländer

Berufe	Eigenschaften

Herkunft	Sohn von ...

A. Hartmann/S. Klöver: „Die Geburtsstunde der Gummibärchen"
© Edition MoPäd

Übrigens: Wusstest du schon, dass sich auch manche Tiere mit Namen rufen?

Ich Flipper, du Jane

Das gehört zu den ganz großen Herausforderungen, denen sich werdende Eltern gegenüber sehen: die Suche nach einem passenden Namen für den Nachwuchs. Viel einfacher fällt die Namensfindung dem Großen Tümmler. Jungtiere dieser Delfinart suchen sich ihren Namen einfach selber aus. „Sie hören sich eine Weile lang die Laute ihrer Artgenossen an und entwickeln dann ihren eigenen Signaturpfiff", sagt der deutsche Biologe Vincent Janik. Normalerweise dienen die Signaturpfiffe dazu, den Gruppenmitgliedern die eigene Position auch in trübem Wasser oder auf größere Distanz mitzuteilen. Doch neben dieser „Ich Tarzan"-Funktion lernen die Tiere auch die Namen nahestehender Artgenossen. „Gut kann man dies beobachten, wenn eine Mutter von ihrem Kalb getrennt wird", sagt Janik. „Dann pfeift sie den Namen ihres Kindes, das ihn als Antwort wiederholt." (Georg Rüschemeyer)

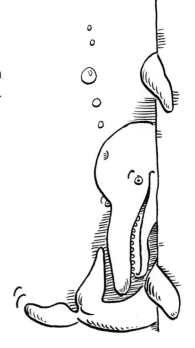

❺ *Die Delfinkinder können sich also selbst ihren Namen aussuchen. Gute Idee?*

_____

_____

Hast du mal deine Eltern gefragt, wie sie den Vornamen für dich ausgesucht haben?

_____

_____

Hättest du lieber einen anderen? Wenn ja, welchen?

_____

_____

*Und was ist mit Spitznamen?
Hast du einen oder mehrere,
welche, die du magst,
und andere, die du verabscheust?*

_____

_____

6 *Erzählungen aus Tausendundeiner Nacht* und die 1002. Nacht

Auch Texte können aus dem Ausland eingeführt, also importiert werden. Ursprünglich wurden die *Erzählungen aus Tausendundeiner Nacht* tatsächlich mündlich erzählt, und zwar vor etwa 2000 Jahren in Indien und Persien. Dann begann ihr Weg durch die Länder und Jahrhunderte und die Geschichte ihrer Niederschrift: Immer mehr Texte und **Versionen** kamen hinzu. Das älteste vollständig erhaltene **Manuskript** stammt aus dem 15. Jahrhundert und umfasst 282 Geschichten. Die erste europäische Fassung erschien ab 1704 in Frankreich in mehreren Bänden; der Übersetzer hatte allerdings Märchen wie *Aladin und die Wunderlampe* und *Ali Baba und die 40 Räuber* hinzugefügt – die kennt ihr vielleicht auch. So wurden die eigentlich für Erwachsene bestimmten Erzählungen aus dem Orient zu Kindermärchen umgeschrieben. Im 19. Jahrhundert wurden die Geschichten ins Deutsche übertragen, doch uns interessiert die englische Übersetzung, die Richard Francis Burton 1885–1888 in 17 Bänden unter dem Titel *Die arabischen Nächte (The Arabian Nights)* vorlegte, genauer: Uns interessiert der Übersetzer selber, denn sein Lebenslauf ist wahrlich so abenteuerlich, dass er gut und gern den Stoff für eine 1002. Nacht* abgibt.

❶ *Lies genau und fülle die Lücken der Meilensteine:*

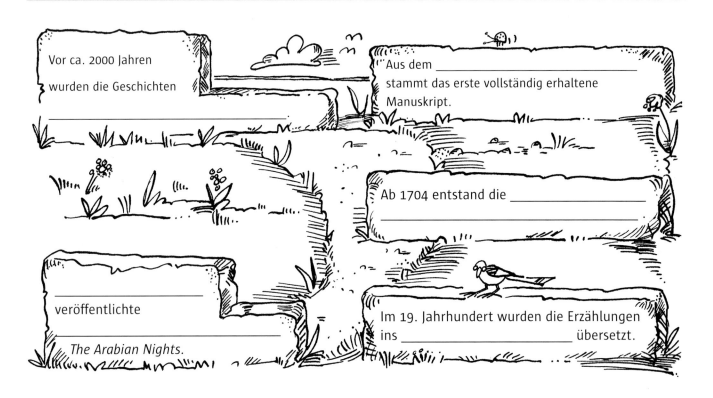

Vor ca. 2000 Jahren wurden die Geschichten _____

„Aus dem _____ stammt das erste vollständig erhaltene Manuskript.

Ab 1704 entstand die _____

_____ veröffentlichte _____ *The Arabian Nights.*

Im 19. Jahrhundert wurden die Erzählungen ins _____ übersetzt.

---

* Was es mit diesen Nächten auf sich hat, erfahren wir aus der Rahmenhandlung der *Erzählungen aus Tausendundeiner Nacht*:

König Scharyar ist so wütend über die Untreue seiner Frau, dass er sie töten lässt. Er ist überzeugt, dass es keine treue Frau auf Erden gibt. So befiehlt er seinem Wesir, ihm jede Nacht eine neue Frau zu bringen, die er am nächsten Morgen töten lässt. Um dem Morden ein Ende zu bereiten, bittet die Tochter des Wesirs, Scheherazade, dem König als Frau gegeben zu werden. In der Nacht beginnt sie, dem König eine Geschichte zu erzählen, die so spannend ist, dass der König sie am Leben lässt, um in der nächsten Nacht die Fortsetzung zu hören. Scheherazade erzählt also, unterstützt von ihrer Schwester, buchstäblich um ihr Leben. Das geht so 1001 Nacht lang. In dieser Zeit bringt Scheherazade drei Kinder zur Welt. Schließlich ist König Scharyar nicht nur von der Treue seiner Frau, sondern auch von ihrer Klugheit überzeugt ...

Die 1002. Nacht: das aufregende Leben des Richard Francis Burton

Ihr habt den Namen noch nie gehört? Das ist verständlich (denn hier zulande kennt ihn kaum jemand), aber ein echter Fehler: Denn der Mann war äußerst vielseitig – er war britischer **Konsul**, Forscher und Entdecker, **Orientalist**, **Autor**, Übersetzer und Schwertkämpfer; auch stürzte er sich ständig in neue Abenteuer. Außerdem ist er selbst Held verschiedener Romane geworden. Was euch vielleicht besonders interessieren wird: Burton war ungeheuer **polyglott**: Er sprach 25 Sprachen und dazu noch etliche Dialekte (insgesamt 40)! Einschüchternd! Oder zur Nachahmung anspornend?

Geboren wurde er am 19. März 1821 in der Nähe von Elstree, Hertfordshire, als Sohn eines Offiziers der britischen Armee. Schon als Kind unternahm er mit den Eltern ausgedehnte Reisen durch Europa. Aber er und sein Bruder waren eher wilde Kinder, immer zu Streichen und Dummheiten aufgelegt. So musste er auch die berühmte Universität in Oxford noch vor dem **Examen** verlassen …

Im Alter von 21 Jahren ging er im Dienst der **Ostindien-Company** nach Indien, wo er zum Teil auch **undercover** in den Bazaren und Gassen die Stimmung der Bevölkerung auskundschaftete. Bei seinem Sprachtalent und seiner Vorliebe für Verkleidungen war das genau die richtige Aufgabe für ihn! Aber beliebt machte sich diese **exzentrische** Persönlichkeit nicht unbedingt bei seinen Kollegen und Vorgesetzten.

Mit 29 Jahren kehrte er heim nach Europa, und zwar nach Frankreich, wo er vier Bücher über Indien schrieb und sein nächstes Abenteuer plante. Dann setzte er es in die Tat um: Als muslimischer Pilger verkleidet, nahm er an der **Hadsch** nach Mekka teil, was für Ungläubige streng verboten war (und ist!). Ebenso betrat er die verbotene Stadt Harar in Somalia, die vor ihm noch kein Weißer je wieder lebend verlassen hatte.

1857 reiste er mit John Speke erneut nach Afrika (nachdem er zwischenzeitlich auf der Krim gegen Russland gekämpft hatte): auf der Suche nach den Quellen des Nils. Die fand er zwar nicht und wurde daher auch nicht, wie er es sich gewünscht hatte, durch diese Tat berühmt. Dafür entdeckte er aber den Tanganjikasee, den er für die Nilquelle hielt. Einige Jahre später gelang ihm gemeinsam mit dem deutschen **Botaniker** Gustav Mann die Erstbesteigung des 4.095 Meter hohen Kamerunbergs.

Auch nach Amerika zog es Burton: 1860 besuchte er in Utah die **Mormonen** und ihre Führer. Nach langen Jahren als Junggeselle heiratete Burton schließlich im Alter von 40 Jahren die britische Reiseschriftstellerin Isabell Arundell, die aus einer **aristokratischen** Familie stammte, aber ebenso wie ihr Mann zu einem **unkonventionellen** Leben und verwegenen Erkundungen aufgelegt war. Nun begann Burtons neue **Karriere** als britischer Konsul: zuerst auf Fernando Poo, einer spanischen Insel vor der westafrikanischen Küste, dann in Santos (Brasilien), Damaskus und Triest. Für seine vielen Verdienste – im Dienst der britischen Krone, als Schriftsteller, Kulturvermittler, Forschungsreisender und **Ethnologe** – wurde er 1872 sogar zum Ritter geschlagen. Gestorben ist er am 20. Oktober 1890 in Triest, doch sein Grab befindet sich in der Nähe von London. Es ist, seinem Leben angemessen, einem arabischen **Beduinenzelt** nachempfunden.

❷ *Eine Reihe von Begriffen und Fremdwörtern sind fett hervorgehoben – kennst du sie alle? Sonst schlage sie nach.*

❸ *Ja, und dann solltest du einen Atlas zur Hand nehmen und – zumindest auf der Karte – all die Länder und Orte aufsuchen, die Burton bereist hat.*

❹ Fülle den Steckbrief aus.

Name: _____   Vorname(n): _____

Geboren am: _____   in: _____

Gestorben am: _____   in: _____

Begraben in: _____

Berufe: _____

_____

Reisen: _____

_____

_____

_____

_____

_____

_____

_____

❺ Stimmt das? Streiche die falschen Aussagen durch.

T   Burton beherrschte keine Fremdsprachen.
S   Der 19. März 1821 ist sein Geburtstag.
A   Burton hatte einen Bruder.
U   Sein Vater war Offizier der schottischen Armee.
K   Burton hielt sich immer an die Regeln.
F   Burton flog ohne Studienabschluss von der Universität in Oxford.
R   Er arbeitete für die Ostindien-Company.
A   Er verkleidete sich als muslimischer Pilger.
E   Ihm gelang zusammen mit Gustav Mann die Erstbesteigung des Kilimandscharo.
L   Er war als britischer Konsul in Argentinien tätig.
N   Er starb am 20. Oktober 1890 in Triest.
S   Sein Grab ist einer Pyramide nachempfunden.

Lösungswort: ☐ ☐ ☐ ☐ ☐ ☐

❻ Gruppenarbeit: Habt ihr auf Reisen ein Abenteuer erlebt, das Stoff für eine 1003. Nacht liefern könnte? Es muss ja nicht gleich so exotisch und aufregend sein wie im Falle Burtons – die wahren Abenteuer können auch knapp vor der Haustür lauern! Aber erzählen solltet ihr sie schön orientalisch: blumig und farbig ausgestaltet. Jeder kann eine Geschichte erzählen oder ihr erzählt reihum eine gemeinsame.

IV Am Anfang war der Teig:
Spaghetti und andere köstliche Küchenschöpfungen

Aufgabenübersicht: Textumfang, Schwierigkeitsgrad und Bezug auf KMK-Bildungsstandards

1 Spaghetti, die Mutter aller Nudeln

■■■ ★★ Wortbedeutungen markierter Wörter klären, dann Lückentext ergänzen

2 Unser liebstes Haustier: der Gummibär

1 ■ ★ Reimwörter finden

2 ■■ ★★ Korrekte zusammenfassende Sätze bilden, selektiv nachlesen, begründet Schlussfolgerungen ziehen

3 ■■ ★★ Arbeitsschritte von Gummibärchen-Rezept ordnen, dazu Bilderfolge nutzen

3 Klebrige Kultkugeln: Kaugummi und Bubblegum

1 ■ ★ „Stimmt-das?"-Spiel (Partnerarbeit): Fragen zu Text formulieren, begründet antworten

2 ■ ★★ Text ordnen, Vorwissen sowie Leseerwartungen und -erfahrungen nutzen

3 ■ ★ Zeitungsartikel lesen und verstehen

4 ■ ★ Wortbedeutungen von markierten Wörtern klären

5 ■■ ★★ „Stimmt das?"-Fragen beantworten, selektiv nachlesen, begründet Schlussfolgerungen ziehen

6 ■■ ★★★ Diskussionsrunde (Partner- oder Gruppenarbeit): Argumente pro und contra formulieren, argumentieren, Rollenspiel

7 ■ ★★ Lückentext mit vorgegebenen Lückenwörtern füllen

4 Zoff für die Zähne, Stoff für die Stimmung: Zucker und Schokolade

1 ★ Lieblingsnahrungsmittel nennen, Vorwissen aktivieren, Leseerwartungen bilden

2 ★ Vermutungen formulieren, Markieren von Stichwörtern

3 ■■■ ★★ Wortbedeutungen klären, Antworten ausformulieren

4 ■■■ ★★ Text nacherzählen (Partnerarbeit), zentrale Stichwörter am Rand notieren

5 ■ ★★ Silbenrätsel und Lückentext „Zuckersorten", Vorwissen nutzen

6 ■■ ★★★ Textbausteine ordnen, Leseerfahrungen nutzen, begründet Schlussfolgerungen ziehen

1   Spaghetti, die Mutter aller Nudeln

Mit der viel beschworenen Freundschaft unter den Völkern ist es oft leider nicht so einfach. Die Sprache, Sitten und Gebräuche, ja die Religion der Nachbarn zu akzeptieren oder gar zu übernehmen, das ist für viele Menschen nach wie vor nur schwer vorstellbar.

Am freundlichsten begegnet man immer noch den Kochrezepten anderer Kulturen. Einige Gerichte, wie z.B. die heiß geliebte Pizza, waren dabei im Laufe der Jahrhunderte erfolgreicher als Napoleon oder Dschingis Khan: Sie haben buchstäblich den gesamten Globus erobert.

Schauen wir uns daher einmal so eine globale Erfolgsgeschichte an. Und zwar die der Nudel, dieser Siegertype aus Mehl, Salz und Wasser, die nicht nur Kinderherzen erobert hat. Der höchste Ruhm gebührt dabei der „Mutter aller Nudeln", den Spaghetti.

Bitte lies den folgenden Lückentext durch.
Kläre zuerst die kursiv gedruckten Begriffe mit einem Wörterbuch und ergänze den Text dann sinnvoll anhand der nachstehenden Wörterkiste:

Anhänger – Anwachsen – Ausgrabungen – Forscher – griechische – Hartweizen – Journalisten – Kontinent – Legende – Nudelfabrik – Sonne – Suchmaschine

---

Über den Ursprung der Nudeln streitet man sich bis auf den heutigen Tag. Die Italiener beanspruchen ihre Erfindung ebenso für sich wie die Araber und die Chinesen. *Archäologen* haben herausgefunden, dass die *Etrusker,* die vor 2500 Jahren Teile des heutigen Italien bewohnten, bereits *Pasta* kannten. Eine ………. besagt hingegen, dass der berühmte *venezianische* Reisende *Marco Polo* das Rezept für Spaghetti Ende des 13. Jahrhunderts von seiner Chinareise mitbrachte. Und chinesische ………. berichteten vor einigen Jahren stolz, dass der Spaghetti-Streit nun ein für alle Mal zugunsten des Reichs der Mitte entschieden sei: Pasta ist chinesisch, basta! Bei ………. am *Gelben Fluss* hatte man eine mindestens 4000 Jahre alte Schale mit 50 cm langen Eiernudeln zutage gefördert. Und die seien damit anderthalb Jahrtausende älter als ihre etruskischen Verwandten.

....

....

....

Doch italienische Nudel-Patrioten ficht diese Botschaft nicht an. Schließlich, so sagen sie, habe man in China lediglich die Billigvariante in Form von *Hirse*-Nudeln ausgebuddelt. Echte Nudeln hingegen hätten in Italien mit dem Anbau des Hartweizens ab dem 15. Jahrhundert ihren Siegeszug angetreten. Und nur Spaghetti aus ………. lassen sich *al dente* kochen. Insofern seien Hirse-Nudeln und Co. Labberkram, die den Namen Spaghetti nicht verdienten etc. etc.

....

Doch eines zumindest scheint sicher: Die Spaghetti traten in Italien als „Maccaroni" (Makkaroni) in die Welt. Wobei dieser Name wiederum auf das ………. Wort „macarios" zurückgehen soll, was so

....

A. Hartmann/S. Klöver: „Die Geburtsstunde der Gummibärchen"
© Edition MoPäd

viel wie „glücklich" bedeutet. Alles klar? „Nudeln machen glücklich!" ist ja auch heute noch ein beliebter Werbespruch. Jedenfalls hingen die „maccaroni" jahrhundertelang in der süditalienischen ………. zum Trocknen, bis jemand auf die Idee kam, sie „Spaghetti" (= Bindfäden) zu taufen. Das war aber erst im 19. Jahrhundert. Ihre „Bindfäden" nahmen die italienischen Auswanderer dann auf ihren Schiffen mit in die Neue Welt, wo sie in den Häuserschluchten und *Prärien* das Heimweh vertrieben und langsam den gesamten ………. eroberten. Die Tomatensoße, die seit dem 18. Jahrhundert in Italien einen ewigen Bund mit der Pasta geschlossen hatte, kehrte mit den ausreisenden Italienern ins transatlantische Heim ihrer Väter zurück. Die erste amerikanische ………. lag im New Yorker Stadtteil *Brooklyn*, wo die Produktion 1848 auf einem Hausdach trocknete. – In Amerika ging das insgesamt also ziemlich fix mit der Einbürgerung der Pasta.

Das gute alte Europa nördlich von Italien tat sich schwerer. Nach Deutschland kamen Spaghetti, Pizza & Co. ab den fünfziger Jahren mit den italienischen Arbeitern über die Alpen. Als enge Verwandte der heimischen Spätzle schloss man sie gleich ins Herz.

Doch für die Briten blieb die *kontinentale* Küche ein *Buch mit sieben Siegeln.* Reporter des britischen Senders BBC erlaubten sich daher 1957 einen wundervollen Aprilscherz. Sie berichteten in einer Sendung darüber, dass Schweizer Bauern Rekorde bei der Spaghetti-Ernte erzielt hätten. Zum Beweis wurden Fotos von Bäumen gezeigt, deren Zweige sich unter der Last gekochter Pasta beugten. Die Telefone der BBC liefen heiß. „Wie", so fragten begeisterte britische Hobbygärtner die *Redakteure,* „lassen sich diese Ernteerfolge auch im nebligen englischen Klima wiederholen?" Die ………. wussten Rat. Ihr Ratschlag lautete: Man nehme einen Zweig Spaghetti, stelle ihn zum ………. für ein paar Tage in eine geöffnete Büchse Tomatensauce und pflanze ihn dann in gute Erde. – Das glaubst du nicht? Dann schau mal im Internet nach, indem du z.B. „Spaghetti" und „BBC" in eine ………. einfütterst.

Und es kommt noch dicker: Im September 2005 berichteten die „Tagesschau" sowie viele wichtige Zeitungen hierzulande über die von dem Amerikaner Bobby Henderson gegründete Spaßreligion vom „Fliegenden Spaghettimonster". Dieses wird „typischerweise als ein Klumpen verwickelter Spaghetti mit zwei Augenstielen, zwei Fleischbällchen und nudeligen Anhängseln" beschrieben und hat schon massenhaft ………. um sich geschart. Gehörst du dazu?

Tipp: Unter „www.sagen.at/texte/gegenwart/hoaxes/spaghetti.html" kannst du dir den Fernsehbeitrag der BBC von 1957 ansehen.

Egal, ob du Freund oder Feind des Spaghettimonsters bist, male sein Porträt.

2   Unser liebstes Haustier: der Gummibär

❶ *Während auf der Erde traurigerweise viele Tiere vom Aussterben bedroht sind, weil wir Menschen ihnen den Lebensraum nehmen, ist dieses Schicksal einer Bärenrasse glücklicherweise erspart geblieben. Obwohl auch ihr Leben nicht immer einfach ist ...*
Findest du die Reime?

Der Gummibär steht voll Ge_____

Und gelb vor Neid im Zoo herum.

Denn seine Schwester zieht als Reifen

Am Nürburgring jetzt ihre _____.

Kennt Schumis (Ralf und Michael)

Und war selbst schon in Israel

Auf Rallye ... Unser Bär jedoch

Fällt seelisch in ein großes _____.

Denn die geliebte Bärin _____:

„Troll dich, du wabbeliger Wicht!

Ich will 'nen MANN, du meine Güte!

Nicht so 'nen Heini aus der _____."

Höchste Zeit, sich jetzt einmal mit der Geschichte dieser putzigen Kerlchen zu befassen.

Der Bonner Bonbonkocher und sein Tanzbär, oder:
Die Geburtsstunde der Gummibärchen

1908 begann der 15jährige Hans Riegel als Arbeitsjunge in der Lakritzfabrik von Bad Godesberg bei Bonn. Die Arbeit muss ihm Spaß gemacht haben, denn mit 27 machte er sich als Bonbonkocher selbstständig. Das war ziemlich hart, denn nach dem Ersten Weltkrieg war Deutschland sehr verarmt, es gab viele Arbeitslose, und nur wenige konnten sich den Luxus einer Tüte Bonbons leisten. Doch Hans Riegel hatte geheiratet, seine Schwiegereltern überließen ihm ihre Waschküche, und er startete dort seinen Ein-Mann-Betrieb. Die Ausstattung bestand aus zwei Sack Zucker, einem Kessel, einem Hocker, einer Marmorplatte, einer Walze und einem gemauerten Herd. Nicht viel, aber er hatte dennoch Erfolg.

Den ganzen Tag stand Hans Riegel im Hinterhof und kochte Zucker, Geschmacks- und Farbstoffe zu Bonbons. Täglich stellte er einen Zentner her. Seine Frau wickelte die Produkte in Papier und brachte sie auf dem Fahrrad zu den Kunden. Das Geschäft lief gut, und bald hatten sie viele feste Abnehmer.

Doch Kunden wollen immer etwas Neues. Eines Tages, es war im Jahr 1922, stand Hans Riegel am Herd und rührte Gummi Arabicum, Geschmacksverstärker und Zitronensäure zusammen. Er ließ die Masse heiß werden und kostete. Nicht schlecht! Hans Riegel bastelte noch tagelang am Rezept und goss das Endergebnis dann in Förmchen. Heraus kam eine lange Bärengestalt mit grimmigem Blick, herunterhängenden Mundwinkeln und krummen Beinen. Die Geburtsstunde des Gummibären hatte geschlagen.

A. Hartmann/S. Klöver: „Die Geburtsstunde der Gummibärchen"
© Edition MoPäd

Allerdings hieß das Tier noch Tanzbär, und es sollten etliche Jahre mit Form-, Farb- und Geschmacksveränderungen vergehen, bis jedes Kinderherz buchstäblich an ihm klebte.

HAns RIegel, BOnn, daraus entstand in den 30er Jahren dann der Familienname des Bären. Mit seinen Geschwistern, den Lakritzschnecken, Weingummis, Kaubonbons erblickt er bis heute täglich millionenfach in Bonn das Licht der Welt.

Drei winzige Gummibären enthalten übrigens fast so viele Energie wie ein Stück Würfelzucker. Jeder Teddy hat etwa sechs Kilokalorien! Dabei ist es egal, ob du rote, gelbe, grüne oder weiße futterst.

Warum es keine blauen Bären gibt? Ganz einfach: Es hat sich keine Pflanze gefunden, mit der man die Bären natürlich einfärben kann. Mit Blaubeeren funktioniert das nicht. Denn die sorgen, weil sie einfach zuviel Farbstoff abgeben, nicht für Blaubären, sondern für Schwarzbären.

Außerdem, und das ist wissenschaftlich erwiesen: Menschen mögen keine blauen Lebensmittel. Es gibt ja auch keine blauen Spaghetti. Auch blaue Wurst auf dem Pausenbrot wäre vermutlich nicht der Hit. Oder blauer Käse auf deiner Pizza? Vermutlich würdest du die lieber mit geschlossenen Augen oder mit Sonnenbrille essen wollen. Also besser nicht.

❷ *Im Folgenden haben wir noch einmal die wichtigsten Tatsachen zusammengestellt. Doch Vorsicht: Es ist immer nur eine Aussage richtig! Kreuze die richtige Antwort an.*

① Die Geburtsstadt der Gummibärchen ist
  P   New York
  A   Amsterdam
  H   Bonn

② Der Geburtsname dieser Fruchtgummitiere war
  D   Waschbär
  I   Tanzbär
  L   Eisbär

③ Seine Geburtsstunde schlug im Jahre
  O   1489
  I   1871
  M   1922

④ Täglich werden allein bei Haribo etwa
  E   1000
  G   10 Millionen
  B   80 Millionen
  Gummibärchen produziert.

⑤ Gummibärchen kann man so schön langziehen, weil sie
  W   Gummi
  E   Gelatine oder Pektin
  I   Klebstoff
  enthalten.

⑥ Die rote Farbe der Bärchen stammt oft von
  C   Ketchup
  E   Schwarzen Johannisbeeren
  Ö   Blut

⑦ Grüne Bären sind mit
  R   Apfel-Kiwi
  H   Waldmeister
  T   Spinat
  gefärbt.

⑧ Wer viele Gummibärchen isst, der wird leider bald selbst teddyrund sein. Denn die Bären enthalten viel
  S   Fett
  E   Zucker
  U   Eiweiß

⑨ Weil man keinen passenden Farbstoff gefunden hat, gibt es bis heute keine
  E   gelben
  N   blauen
  M   weißen
  Gummibären.

Lösung:

❸ *Gummibärchen gehören zur großen Sippe der Fruchtgummis.*
Willst du mal selber welche fabrizieren?
Hier erfährst du, wie das geht.
Aber leider sind die Arbeitsschritte des Rezeptes durcheinandergeraten.
Die Bilder auf der nächsten Seite helfen dir dabei, sie wieder zu ordnen.

Und dann ab in die Küche!

Zutaten:
- 500 g Speisestärke
- 15 g Speisegelatine
- 35 ml Wasser
- 30 g Fruchtsirup (Kirsche, Erdbeer, Waldmeister usw.)
- 20 g Zucker
- 10 g flüssigen Honig
- 3 g Zitronensäure (Ascorbinsäure aus der Apotheke)
- 1 fertiges Fruchtgummi als Förmchen.

> Damit es klappt, musst du ganz genau arbeiten!

Arbeitsschritte:

> **Tipp:**
> ausschneiden –
> ordnen –
> aufkleben!

◯ Ein Backblech wird fingerdick mit Speisestärke bedeckt.	
◯ Nun eine Sorte Fruchtsirup einrühren.	◯ Die Gelatine in 25 ml kaltes Wasser einrühren und 15 Minuten quellen lassen.
◯ Die Gelatine dann im Wasserbad auflösen.	◯ Die Gussformen mithilfe eines Trichters vorsichtig bis zum Rand mit der Mischung füllen.
◯ Den Honig und die Zucker-Wasser-Mischung zur Gelatine geben. Gut rühren!	◯ Das gekaufte Fruchtgummi auf eine Nadel pieken und damit vorsichtig und in regelmäßigen Abständen Vertiefungen in die Stärke auf dem Blech drücken.
◯ Den Zucker und die Zitronensäure ebenfalls in 10 ml Wasser auflösen.	◯ Zum Trocknen stehen lassen. Das kann 3–5 Stunden dauern.
◯ Die fertigen Gummis aus ihrem Stärkebett holen, wenn nötig überschüssige Stärke (z.B. mit einem Pinsel) entfernen.	◯ Die fertige Mischung etwas stehen lassen, bis sie klar wird.

A. Hartmann/S. Klöver: „Die Geburtsstunde der Gummibärchen"
© Edition MoPäd

Arbeitsschritte: So macht man Gummibärchen

①	STÄRKE	
②	25mL GELATINE 15min	
③	25ml	
④	ZUCKER 10mL	
⑤	HONIG 10mL GELATINE	
⑥	ODER ODER ...	
⑦		
⑧		
⑨		
⑩	3 Std.	
⑪		

3 Klebrige Kultkugeln: Kaugummi und Bubblegum

Mit dem Kaugummi ist es ähnlich wie mit dem Porzellan: Eigentlich wurde es vor Urzeiten erfunden, geriet in Vergessenheit, um dann viele Jahrhunderte später seine Wiedergeburt zu feiern.

Wie schon einige andere Geschichten dieses Buches beginnt auch diese in Mittelamerika.
Die Indianer vom Stamm der Maya kauten das Harz des Sapodilla-Baums, um ihre Zähne zu reinigen und den Atem zu erfrischen.
Sapodilla-Bäume sind etwa 30 m hoch und tragen bis zu 3000 Früchte, die etwa pflaumengroß und sehr lecker sind. Leider kann man sie nicht gut transportieren, daher kennen wir diese Köstlichkeit in Europa noch kaum.
Im 19. Jahrhundert brachten Europäer die Samen des mittelamerikanischen Baums auf ihre Plantagen in Asien. Heute werden Sapodilla vor allem in Australien, Indien und Indonesien angebaut. Die Bäume können alle vier Jahre angezapft werden. Das Harz dient dann als Rohstoff zur Kaugummi-Produktion.

❶ *Das „Stimmt-das?"-Spiel: Stellt in Partnerarbeit abwechselnd Behauptungen über den Sapodilla-Baum auf. Euer Partner muss dann sagen, ob sie stimmen. Wenn ihr euch nicht einig seid, belegt eure Meinung am Text oben.*

❷ *Stell dir vor, du erbst eine Kaugummi-Fabrik und musst morgen als Chef antreten. Eigentlich hast du gar keine Ahnung, was im Betrieb so passiert. Leider hast du auch den Merkzettel deines Vorgängers versehentlich zerschnippelt.*
a) Bringe die Streifen wieder in die richtige Reihenfolge.
b) Markiere: Welche Arbeitsschritte finden außerhalb deiner Firma statt?

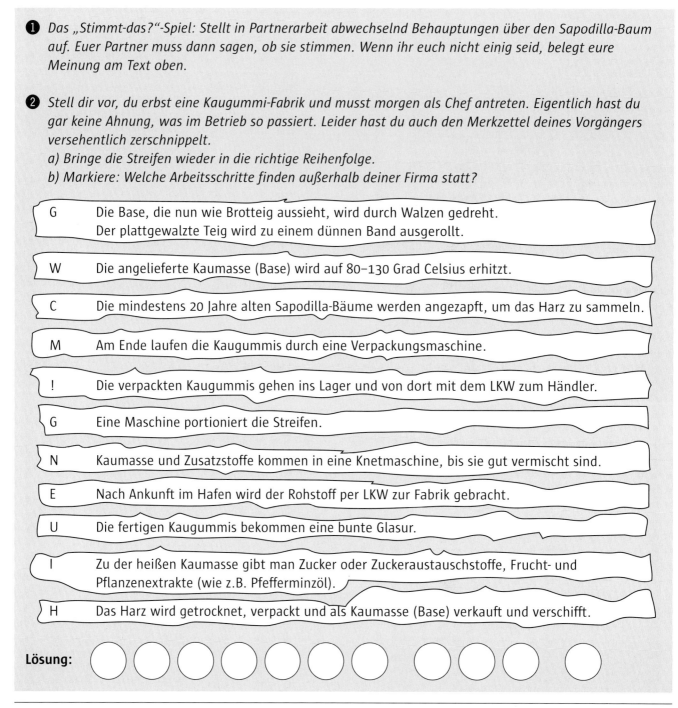

G	Die Base, die nun wie Brotteig aussieht, wird durch Walzen gedreht. Der plattgewalzte Teig wird zu einem dünnen Band ausgerollt.
W	Die angelieferte Kaumasse (Base) wird auf 80–130 Grad Celsius erhitzt.
C	Die mindestens 20 Jahre alten Sapodilla-Bäume werden angezapft, um das Harz zu sammeln.
M	Am Ende laufen die Kaugummis durch eine Verpackungsmaschine.
!	Die verpackten Kaugummis gehen ins Lager und von dort mit dem LKW zum Händler.
G	Eine Maschine portioniert die Streifen.
N	Kaumasse und Zusatzstoffe kommen in eine Knetmaschine, bis sie gut vermischt sind.
E	Nach Ankunft im Hafen wird der Rohstoff per LKW zur Fabrik gebracht.
U	Die fertigen Kaugummis bekommen eine bunte Glasur.
I	Zu der heißen Kaumasse gibt man Zucker oder Zuckeraustauschstoffe, Frucht- und Pflanzenextrakte (wie z.B. Pfefferminzöl).
H	Das Harz wird getrocknet, verpackt und als Kaumasse (Base) verkauft und verschifft.

Lösung: ◯ ◯ ◯ ◯ ◯ ◯ ◯ ◯ ◯ ◯

A. Hartmann/S. Klöver: „Die Geburtsstunde der Gummibärchen"
© Edition MoPäd

Gibt es auch Kaugummi-Hasser? Ja!

Aus England kommt die Kaugummisteuer

Bonn. Es weihnachtet, unsere Innenstädte sind wieder rammelvoll, die Straßenreinigung hat zu kämpfen. Denn in der Menge lässt mancher Passant seinen Kaugummi einfach fallen. Der Nächste tritt drauf, hat ein klebriges Etwas an der Schuhsohle. Schwarze, schmutzig breitgetretene Kaugummis sind das Muster in den Fußgängerzonen der Welt. Ein Streifen Kaugummi ist schon für fünf Cent zu haben – aber ihn von der Straße abzukratzen, kostet 15 Cent.

Auf den *Britischen Inseln* ist die Süßware so zur Plage geworden, dass dort ein Kaugummi-Krisengipfel stattfand. Vertreter der Bürgermeister von *London, Cardiff, Dublin, Edinburgh* und *Belfast* kamen. Es gab ein heißes Thema bei den Diskussionen: Wann führen wir die Steuer auf Kaugummi ein?

Jeder Käufer der zähen Süßware soll dafür zahlen, dass mancher Kauer das Produkt nicht in den Mülleimer wirft, sondern irgendwohin. Sechs Millionen Euro gibt allein London dafür aus, den klebenden Dreck von Straßen und aus U-Bahnen zu entfernen, in einer Stadt wie Berlin dürfte es kaum weniger sein. *Liverpool* hat schon Ernst gemacht – und die Strafabgabe auf Kaugummi eingeführt. 1,5 Cent pro Päckchen gehen künftig an die Straßenreinigung.

Wie ernst das Thema auch hierzulande ist, zeigt das Beispiel des Kölner Doms. Hier hatten sich auf dem Fußboden so viele Kaugummiplacken angesammelt, dass eine Radikalkur nötig wurde. Mit *Skalpellen* und flüssigem *Stickstoff* wurde den Rückständen zu Leibe gerückt. Kosten: mehrere zehntausend Euro. In mancher Fußgängerzone dürfte es ähnlich teuer werden.

(Aus: Die Welt vom 30.11.2005)

❸ *Lies hierzu bitte den Zeitungsartikel oben. Was lernt man daraus?*
Erfindungen haben oft auch unerwünschte und nicht nur positive Nebenwirkungen!

❹ *Bitte kläre zuerst die kursiv gedruckten Begriffe im Text.*

❺ *Alles klar? Dann gibt es jetzt ein paar Verständnisfragen.*
Kreuze die richtigen Antworten an.

Stimmt das?		Ja	Nein
①	Kaugummis auf dem Straßenpflaster sind – Gott sei Dank – nur ein Problem der britischen Inseln.		
②	Ein Kaugummi vom Pflaster zu entfernen, kostet dreimal soviel, wie ein Streifen im Laden kostet.		
③	In London kostet die Entfernung der Kaugummis im Jahr umgerechnet 6 Millionen €.		
④	In Berlin kostet die Reinigung von den klebrigen Resten vermutlich genauso viel wie in London.		
⑤	Das beste ist, man fegt die Kaugummis einfach mit dem Besen ab.		
⑥	In Kirchen verzichten die Menschen auf Kaugummi.		

❻ *Jetzt läuten wir eine Diskussionsrunde ein.*
Eine Person soll dabei die Chefin der Straßenreinigung eurer Stadt sein,
die zweite ein leidenschaftlicher Kaugummi-Fan.
Es geht um die Einführung von Steuern und Strafen für das Kaugummikauen.
Für jede Seite haben wir eine Kiste mit Argumenten vorbereitet.
Ihr findet sicher noch eigene Gründe, die für oder gegen Kaugummi sprechen.

CONTRA	– Weggeworfene Kaugummis machen die Besen unserer Kehrmaschinen kaputt. – Kaputte Maschinen und Arbeitsstunden zum Entfernen der Kaugummireste kosten viel Geld. Dieses Geld fehlt dann anderswo, z.B. bei den Spielplätzen. – Es ist ekelhaft, in Kaugummis zu treten oder zu greifen. – Es ist unhöflich, ständig wie eine Kuh wiederkäuend durch die Welt zu laufen.

PRO	– Kaugummi dient der Zahnpflege. – Kaugummi hilft gegen Reisekrankheit und Ohrendruck. – Kaugummikauen baut Stress ab. – Kaugummikauen schmeckt gut und macht nicht süchtig. – Kaugummi macht nicht dick. – Besser kauen als rauchen.

Möglichkeit A: *Partnerarbeit.*
Jeder übernimmt eine der beiden Rollen.

Möglichkeit B: *Gruppenarbeit.*
Bitte wählt zwei Vertreter aus eurer Mitte, die die beiden Positionen vertreten.
Nach der Diskussion stimmt ab: Wer hat euch mehr überzeugt?
Bitte begründet eure Entscheidung: Wer hatte mehr Argumente? Wer ist besser auf die Argumente der Gegenseite eingegangen? Wer hatte treffendere Beispiele? Wer war höflicher, hat besser zugehört und ausreden lassen? Wer ...

❼ *Zum Abschluss noch ein Lückentext:*

① Den bislang ältesten Kaugummi fanden _ _ _ _ _ _ _ _ _ _ bei Ausgrabungen einer 9000 Jahre alten Siedlung in Südschweden. Er bestand aus Birkenharz.

② Auf _ _ _ _ _ _ _ _ heißt Kaugummi „purikumi".

③ Die Kalifornierin Susan Montgomery hält den offiziellen _ _ _ _ _ _ für die größte Kaugummiblase der Welt (58,4 cm Durchmesser).

④ Allein in Deutschland werden jährlich rund 600 Millionen Kaugummipäckchen verkauft. Ihr Gewicht beträgt rund 12.000 _ _ _ _ _ _, was 43 Stück des neuen Superflugzeugs Airbus A 380 entspricht.

⑤ 1848 entstand in den USA die erste _ _ _ _ _ _ _ _ _ _ _ _ _ _ _.

⑥ 1893 kam in Amerika dann der Streifenkaugummi auf den _ _ _ _ _.

⑦ Wer sich jetzt noch für Kaugummi interessiert, forsche mal im _ _ _ _ _ _ _ _ _!

Archäologen – Finnisch – Internet – Kaugummifabrik – Markt – Rekord – Tonnen

A. Hartmann/S. Klöver: „Die Geburtsstunde der Gummibärchen"
© Edition MoPäd

4   Zoff für die Zähne, Stoff für die Stimmung: Zucker und Schokolade

❶ *Welche Dinge schmecken dir besonders gut? Notier mal einige von ihnen:*

_____   _____   _____

_____   _____   _____

_____   _____   _____

❷ *Was glaubst du: Welche dieser Lebensmittel enthalten Zucker?*
Markiere sie rot.

Vermutlich hast du oben nicht nur saure Gurken und Blutwurst notiert. Die meisten Menschen lieben nämlich süße Sachen und ohne Zucker würde uns weder der Kuchen noch die Marmelade schmecken. Vor tausend Jahren war das in Europa noch anders: Zucker war noch unbekannt und Honig war der einzige Stoff, mit dem sich das Leben versüßen ließ. Doch dann kam der Zucker ...

Wie der Zucker in unser Leben kam

Auch wenn es dich vielleicht wundert: Jede Pflanze enthält Zucker, die eine mehr, die andere weniger. Besonders viel davon enthält das Zuckerrohr. Als seine Heimat gilt

Melanesien. Das ist eine Inselgruppe am anderen Ende der Welt, im *Pazifischen Ozean*, irgendwo in der Weite des Meeres zwischen Australien und Südamerika, wo die Menschen schon vor mindestens 8000 Jahren Zuckerrohr anbauten. Von dort kam die Pflanze über Indien nach Iran. Hier kamen die Menschen vor etwa 1800 Jahren auf die Idee, den Saft des Zuckerrohrs zu erhitzen und dann in Kegel aus Ton zu gießen. Dort ließ man die Masse abkühlen und fest werden. Der Zuckerhut war geboren! Diese *Kegel* wogen über 50 kg und kamen als Luxusware von dort nach Rom. Die *Kreuzritter*, die um 1100 gegen die Araber Krieg führten, brachten den Zucker erstmalig mit nach Mitteleuropa. Aber nur sehr wenige Reiche konnten davon kosten.

Ab 1500 ließen die Europäer Zuckerrohr weltweit in ihren *Kolonien* auf *Plantagen* pflanzen. Die schwere Arbeit auf den Feldern wurde von Sklaven verrichtet. Die Geschichte des Zuckers ist also auch eine sehr bittere Geschichte. Das einfache Volk süßte seine Speisen aber immer noch mit Honig, denn es gab viel zu wenig von dem „Weißen Gold", und die Transportwege waren zu lang. So blieb Zucker sehr teuer.

Als ein Herr Markgraf 1747 entdeckte, dass auch eine hiesige Rübensorte sehr viel Zucker enthält, machte sich Europa langsam von den Zuckerplantagen in den Kolonien unabhängig. 1801 entstand dann die erste Rübenzuckerfabrik in *Schlesien*. Als *Napoleon* 1806 alle Schiffe auf dem Weg nach Europa stoppte, um den Handel zu stören und den Krieg zu gewinnen, da blieb den Leuten gar nichts anderes übrig, als in Deutschland und anderswo ihren Zucker aus Rüben selber herzustellen.

Mit der Entstehung des Würfelzuckers ist eine etwas unappetitliche Geschichte verbunden: Zucker wurde wie im alten Iran immer noch in großen Kegeln verkauft. Zu Hause zerschlug man ihn mit einem Hammer oder brach mit einer Zange kleine Portionen heraus. Dabei hat sich die Frau des Zuckerfabrikanten Christian Rad 1841 die Finger gequetscht.

Da Zucker immer noch sehr kostbar war, hat Frau Rad ihren Gästen den blutigen Zucker dennoch zum Tee serviert. Aber zu ihrem Mann hat sie danach gesagt: „Tu doch endlich mal was, damit ich mir nicht dauernd die Finger blutig quetsche. Wie wäre es, wenn du den Zucker nicht in diesen ollen Kegeln, sondern gleich in schön mundgerechten Stücken herstelltest?" Als kluger Mann hörte Herr Rad auf seine Frau, und seither gibt es Würfelzucker.

Ab ca. 1850 wurde dann in Deutschland soviel Rübenzucker hergestellt, dass der Preis dafür fiel und auch das einfache Volk sich nun Zucker leisten konnte.

Vor 140 Jahren verbrauchte ein Mensch in Deutschland etwa 2 Kilogramm Zucker pro Jahr. Das sind nur etwas mehr als 5 Gramm pro Tag. Also ein kleiner Teelöffel für Limonade, Marmelade, Pudding ... Nicht gerade viel.

Heute verbraucht jeder Deutsche 40 kg im Jahr, das heißt ca. 110 Gramm pro Tag. Manche Leute glauben, das liegt daran, dass Zucker glücklich macht. Jedenfalls haben Forscher herausgefunden, dass er bei den meisten Menschen die Laune verbessert. Das ist bewiesen.

Ebenso bewiesen ist, dass zuviel Zucker dick macht und die Zähne ruiniert. Warum? Ganz einfach: Die Löcher in unseren Zähnen werden von Bakterien verursacht. Und die lieben, ähnlich wie du und ich, nichts so sehr wie Süßkram. Daraus machen sie im Mund dann Säuren, und die zerfressen den Zahnschmelz. Aber das ist schon wieder eine andere Geschichte.

A. Hartmann/S. Klöver: „Die Geburtsstunde der Gummibärchen"
© Edition MoPäd

❸ *Bitte kläre mithilfe eines Wörterbuches und einer Karte die kursiv gedruckten Wörter.*
Fülle dann die Lücken.

① Melanesien liegt _____.

② Der Pazifische Ozean liegt _____.

③ Ein Kegel ist _____.

④ Kreuzritter sind _____.

⑤ Unter Kolonie versteht man _____

_____.

⑥ Als Plantagen bezeichnet man _____.

⑦ Schlesien liegt _____.

⑧ Napoleon war _____ und lebte von _____.

❹ *Partnerarbeit: Erzählt euch gegenseitig, wie der Zucker in unser Leben kam. Schreibt dazu vorher die wichtigsten Stichwörter rechts neben den Text. So verliert ihr beim Erzählen nicht den Faden.*

❺ *Und nun gibt es ein kurzes Silbenrätsel zu den vielen Zuckersorten, die man in den Geschäften findet.*

ben – de – der – dis – fi – Ge - gel – Ha - Ka – Kan – ker – ker – ker – ker –ker – ker – ker – le – lier – mell – na – nil – Pu – ra – Raf – rup – sel – Si – streu – Trau – Va –zuc - zuc – zuc – zuc – zuc – zuc - Zuc

① Den stäubt man gerne über den Kuchen: __ __ __ __ __ __ __ __ __ __ __

② Diese Sorte eignet sich prima zum Einmachen und Marmeladekochen:

__ __ __ __ __ __ __ __ __ __ __

③ Bei Sportlern ist er besonders beliebt, weil er schnell ins Blut geht:

__ __ __ __ __ __ __ __ __ __ __

④ Ein anderes Wort für Weißzucker, der sich gut streuen lässt: __ __ __ __ __ __ __ __

⑤ Er enthält den Samen einer Orchidee: __ __ __ __ __ __ __ __ __ __ __ __

⑥ Flüssigen dunklen Zuckersaft nennt man __ __ __ __ __ .

⑦ Eine braune Masse, die durch Erhitzen des Zuckers entsteht: __ __ __ __ __ __ __ __

⑧ Den nehmen die Ostfriesen gerne zum Tee: __ __ __ __ __ __ __ __ __ __

⑨ Er fällt nicht aus den Wolken auf die Kekse: __ __ __ __ __ __ __ __ __

⑩ Damit lassen sich Plätzchen schön bunt gestalten: __ __ __ __ __ __ __ __ __ __ __ __

In der Überschrift haben wir noch die Schokolade angekündigt. Sie (bzw. ihr wichtigster Bestandteil, der Kakao) hat eine ganz ähnliche Geschichte wie der Zucker. Auch Kakao ist eine sogenannte „Kolonialware".

6 *Daher trauen wir dir zu, die Geschichte des Kakaos selber zu einem Text zusammenzubasteln.*
Bringe dazu die folgenden Sätze in die richtige Reihenfolge.

Tipp:
ausschneiden –
ordnen –
aufkleben

Lösung: _ _ _ _   _ _ _ _ _ _ _ _ _ _ !

S	Als eine der ersten Schokoladenfabriken Deutschlands gilt die HALLOREN Schokoladenfabrik in Halle an der Saale, die 1804 gegründet wurde.
K	Als Kolumbus Amerika entdeckte, lernte er den Kakaobaum nicht kennen. Erst 1528 brachten die Spanier die Früchte des Kakaobaums nach Europa.
H	Weltmeister im Verbrauch von Schokolade waren 2003 die Schweizer mit 9,6 Kilogramm pro Person. Das entspricht etwa dem Viertel einer Schokotafel pro Tag. Wer mehr wissen möchte, der kann das Kölner Schokoladenmuseum oder das Überseemuseum in Bremen besuchen.
I	Noch zu Beginn des 20. Jahrhunderts war Schokolade eine Nascherei für Reiche, die nur zu ganz besonderen Gelegenheiten gegessen wurde.
C	1912 kostete eine Tafel Schokolade noch ebensoviel wie 20 Brötchen.
S	Der Kakaobaum erreicht eine Höhe von bis zu 15 Metern und wächst nur in heißen Ländern um den Äquator.
H	Das erste Mal wurde die Kakaopflanze im heutigen Mexiko erwähnt. Die Stämme der Maya und der Azteken bauten die Pflanze dort bereits um das Jahr 600 an.
T	Noch bis ins 19. Jahrhundert wurde Schokolade als Stärkungsmittel in der Apotheke verkauft.
O	1544 wurde am Hof des spanischen Königs das erste Mal Kakao getrunken.
E	Man schlägt die Kakaofrüchte mit einem scharfen Messer vom Baum. Die darin enthaltenen Bohnen werden getrocknet und danach geröstet.
E	Ab Ende des 18. Jahrhunderts wurden in Bremen größere Mengen Kakao gehandelt. Die aus Kakao, Zucker und anderen Zutaten hergestellte Schokolade war damals aber ein sehr teurer Luxus, den sich nur ganz wenige leisten konnten.
L	Die erste Schweizer Milchschokolade wurde 1875 von Daniel Peter und Henri Nestlé auf den Markt gebracht.
R	Die Maya nannten die Pflanze mit den nützlichen Früchten „cacao".

A. Hartmann/S. Klöver: „Die Geburtsstunde der Gummibärchen"
© Edition MoPäd

V Worauf wir nicht verzichten möchten

Aufgabenübersicht: Textumfang, Schwierigkeitsgrad und Bezug auf KMK-Bildungsstandards

1 Schief gewickelt oder gut gepampert

1	■	★	Recherche bei Eltern
2		★	Recherche in Läden, begründet Schlussfolgerungen ziehen
3		★	Einmalwindel-Experiment
4	■	★★	Stoff- oder Einmalwindel: Argumente pro und contra formulieren
5	■	★★	Astronautenfrage: Recherche, Briefe an ESA oder NASA schreiben

2 Immer schön sauber bleiben: die Seife

1	■■	★★	Im Text erwähnte Ereignisse auf Zeitleiste chronologisch ordnen
2	■	★	Immer-schön-sauber-bleiben-Box: Oberbegriff finden, unpassenden Begriff streichen
3	■	★★	Seifenkistenrennen (Partner-/Gruppenarbeit): Wörter schrittweise verändern
4	■■	★★	Folge von Aussagesätzen zu Geschichte verknüpfen, Textfunktionen und -sorten unterscheiden, Stilmittel gezielt einsetzen, Formulierungshilfen nutzen

3 Gesundheit für alle: ein Job für viele

1	■■■	★★	Fragen frei beantworten, selektiv nachlesen
2	■■■	★	Markierte Stellen mit eigenen Worten wiedergeben
3	■■■	★	Porträts passend zuordnen, gezielt Informationen entnehmen, passende Bilder zuordnen, Wahl begründen
4	■■■	★★	Korrekte Sätze bilden, Text gezielt Informationen entnehmen
5	■■■	★★	Veraltete Begriffe finden und „übersetzen", Wortschatzarbeit

4 Prima Pilze: Penicillin & Co.

1	■■■	★★	Lückentext mit vorgegebenen Lückenwörtern füllen, Vorwissen sowie Leseerwartungen und -erfahrungen nutzen
2	■■■	★	Zwischenüberschriften finden
3	■■■	★★	Fragen zum Text frei beantworten, selektiv nachlesen
4	■■■	★★	Text „frei" nacherzählen, vorbereitend zentrale Stichwörter an Rand schreiben
5	■	★★	Wortbedeutungen von Fremdwörtern klären, Nachschlagewerke nutzen
6	■■■	★	„Wanted: Staphylokokk!" Selektiv nachlesen, passendes Bild auswählen, Wahl begründen

1 Schief gewickelt oder gut gepampert

Als wir 1969 vor dem Fernseher hockten und atemlos verfolgten, wie amerikanische Astronauten und russische Kosmonauten in den Weltraum vorstießen, wollte meine Oma immer nur DAS EINE wissen. Sie interessierte sich nicht für technische Daten, neue Rekorde, nicht einmal dafür, wer im Wettlauf auf den Mond Sieger war. Sie wollte schlicht erfahren, wie die das da oben mit der Toilette regeln, zumal bei der Schwerelosigkeit. Ein WC wurde jedenfalls bei den Innenaufnahmen der Raketen nie gezeigt (bei den Außenaufnahmen schon gar nicht), aber auch die Kommentare brachten keine Aufklärung. Eine Antwort auf DIESE zentrale Frage wurde nie gegeben. Bis heute gehört sie zu den ÜBERGANGENEN Themen.

Zum Glück wissen wir aus eigener Erfahrung (wenn auch nicht mehr eigener Erinnerung), wie das bei den kleinen Kindern funktioniert. Die tragen Windeln, meist keine Stoffwindeln, sondern Einwegwindeln, die in der Regel nach dem amerikanischen Pionier-Fabrikat Pampers genannt werden! Das Wort Pampers kommt übrigens vom englischen Verb „to pamper" und bedeutet so viel wie „verwöhnen", „verhätscheln". Erfunden wurde die Wegwerfwindel schon in den 1950er Jahren; die guten alten „Pampers"

kamen dann 1961 auf den amerikanischen Markt, erst seit 1973 verwöhnen sie deutsche Kinderpopos.

Aber mit dem Verwöhnen war es anfangs noch nicht weit her. Erst waren sie mit Papier gefüllt, den man später zu Zellulosefasern zerrupfte, wodurch sich die Windeln immer mehr zu regelrechten „Fallschirmen" aufplusterten. Erst seit 1987 füllt man die Windeln mit einem Kunststoffgranulat, das viel saugfähiger ist. Und auch in Sachen Passform und Bequemlichkeit hat man die Windel immer weiterentwickelt ...

❶ Frag mal bei deiner Mutter nach, wie lange du Windeln getragen hast und wie viele pro Tag bzw. Nacht im Schnitt fällig waren.

❷ Dann schau mal im Laden nach, wie viel die billigste und die teuerste Windel kostet. Achtung: Dafür musst du den Preis der Packung durch die Stückzahl teilen! Berechne dann, wie viel Geld – minimal und maximal – in deiner Babyzeit in die Hose gegangen ist. Ganz schön teuer, oder?

❸ Experiment: Bringt zur nächsten Stunde verschiedene (saubere!) Windel-Exemplare und einen Messbecher mit. Dann könnt ihr jetzt den Testsieger ermitteln (bitte keinen Selbstversuch und Rückfall in die Babyzeit – Messbecher und Wasser nehmen!): Welche Windel nimmt am meisten Wasser auf, bevor sie durchnässt oder ausläuft?

❹ Schließlich wäre noch die Frage zu klären, warum die Stoffwindeln so wenig erfolgreich sind. Schmutzig – ab in die Waschmaschine – fertig. Wäre das nicht viel billiger? Und praktischer? Und umweltfreundlicher? Was meinst du? Und kannst du herausbekommen, was Fachleute zu diesem Thema sagen?

❺ Ja, und dann bleibt da noch die Astronautenfrage – auf die wir leider auch keine Antwort wissen. Hier seid ihr gefragt:
a) Wettbewerb: Wer hat die interessanteste, verrückteste Weltraum-Toiletten-Idee? Sie kann in Texten oder Zeichnungen eingereicht werden. Über den besten Einfall (und eine kleine Prämie) sollte eine Jury entscheiden.
b) Und damit ihr hieb- und stichfest erfahrt, wie die Astronauten das wirklich regeln, solltet ihr einen Brief an die ESA oder NASA schreiben (Wer oder was verbirgt sich übrigens hinter diesen Abkürzungen?) und um amtliche Aufklärung bitten. Das Antwortschreiben könnt ihr dann mit den schönsten Texten und Zeichnungen eures Wettbewerbs zu einer Wandzeitung verarbeiten und aushängen.

A. Hartmann/S. Klöver: „Die Geburtsstunde der Gummibärchen"
© Edition MoPäd

2 Immer schön sauber bleiben: die Seife

Ganz schön kühn: Wir haben „die Seife" in das Kapitel „Worauf wir nicht verzichten möchten" eingeordnet. Da werden einige von euch bestimmt lebhaft protestieren und meinen, dass sie auf die Seife und die damit verbundenen Waschprozeduren gut und gern verzichten können. Wer sich in Geschichte gut auskennt, kann sich dabei sogar auf Könige und Fürsten als Vorbilder beziehen … Denn im europäischen 16. und 17. Jahrhundert wusch man sich nicht, sondern betrieb „Trockenwäsche" mit Puder und Parfüm. Man glaubte nämlich, dass durch die Saubermacher Krankheitskeime in den Körper gelangen könnten. Die Flöhe und Läuse hat's gefreut!

Erst im Laufe des 18. Jahrhunderts wurden Wasser und Seife als Mittel zur Körperreinigung wiederentdeckt. Doch noch immer vertraten auch Ärzte die Ansicht, dass Wasser und Luft dem Körper schaden würden. Im 19. Jahrhundert, dem Zeitalter des naturwissenschaftlichen Fortschritts, entdeckte man die Hygiene. Das heißt, man verstand, dass man etwas Wichtiges für die Gesundheit tut, wenn man immer schön sauber bleibt! Na ja, und auch unangenehme Gerüche verflüchtigen sich schließlich wohltuend durch das Waschen. Aber wie gesagt, die Europäer müssen sich in diesem Punkt gar nichts einbilden.

Denn andere hatten schon vor Jahrtausenden die Seifenherstellung entdeckt! Die Sumerer haben bereits vor 4500 Jahren auf einer Tontafel das erste Seifenrezept der Menschheit in Keilschrift verewigt. Diese Seife, bei der Pflanzenöle mit Pottasche vermischt wurden, verwendete man allerdings eher zum Wäschewaschen und als Medizin (bei Hautkrankheiten). So handhaben es auch die alten Ägypter. Als Mittel zur Körperreinigung wurde die Seife dann bei den Römern (etwa ab dem 2. Jahrhundert nach Christus) populär. Besonders geschickt waren die Araber, die im 7. und 8. Jahrhundert das Seifekochen zu einer hohen Kunst entwickelten. Über Spanien gelangte sie nach Europa, wo vor allem im Mittelmeerraum das Seifensiederhandwerk aufblühte. Im europäischen Mittelalter kannte man bereits ausgesprochene Luxusseifen mit ausgefallenen Parfümierungen.

Die sind ja inzwischen wieder sehr beliebt. Heute weiß man, dass regelmäßiges Waschen unverzichtbar ist, um nicht nur den Schmutz, sondern auch schädliche Bakterien zu beseitigen (vor dem Essen Hände waschen!), aber man weiß auch, dass man des Guten zu viel tun kann: denn Seife greift auch den natürlichen Fettfilm der Haut an, sodass zu häufiges Waschen die Haut austrocknet. Aber hier besteht bei euch keine allzu große Gefahr, oder?

❶ *Die Geschichte der Seife ist hier nicht chronologisch erzählt, sondern mit Vorgriffen und Rückblenden. Lege im Heft eine chronologische Zeitleiste an und ordne ihr die wichtigsten Etappen in Stichworten zu:*

Ca. 2500 v. Chr.	Die Sum…

❷ *Hier kommt unsere „Immer-schön-sauber-bleiben"-Box.*
a) In jeder Reihe tanzt ein Begriff sachlich aus der Reihe. Streiche ihn durch.
b) Versuche, für jede Reihe einen Oberbegriff oder eine zusammenfassende Umschreibung zu finden.

				Oberbegriff/Umschreibung:
Scheuermilch	Seife	Fleckensalz	Waschpulver	
Läuse	Mäuse	Flöhe	Wanzen	
duften	modern	stinken	riechen	
Wellness	Entspannung	Sanatorium	Relaxen	
Perücke	Parfüm	Puder	Schminke	
Nagelschere	Kamm	Zahnbürste	Schuhe	
bekleckern	beschmieren	betasten	besudeln	
Waschbecken	Fliesen	Dusche	Badewanne	
sauber	rein	glänzend	glitzernd	
Schleim	Schmutz	Verunreinigung	Dreck	
Putzfimmel	Sauberkeitswahn	Reinigungskraft	Waschzwang	

❸ *Seifenkistenrennen. Tretet in zwei Gruppen gegeneinander an. 16 Etappen sind zurückzulegen.*
Gruppe 1 soll sich von „Seife" zu „Weise" fortbewegen, Gruppe 2 auf dem umgekehrten Weg von
„Weise" zu „Seife".
Aber Achtung: Es darf immer nur ein Buchstabe verändert werden und jedes Feld muss gefüllt werden!
Wer ist schneller am Ziel und hat für alle Felder ein Wort gefunden?

START **Seife** ➡

ZIEL **Weise**

START **Weise** ➡

ZIEL **Seife**

A. Hartmann/S. Klöver: „Die Geburtsstunde der Gummibärchen"
© Edition MoPäd

Ihre Namen sind zwar ganz ähnlich, aber sonst sind die beiden ganz verschieden: Oma Klara liebt Sauberkeit, Pünktlichkeit, Pflichtbewusstsein. Sogar das Gemüse in ihrem großen Garten wächst ordentlich in Reih und Glied. Karla hingegen tobt gerne und lange draußen, wobei es ihr ziemlich egal ist, wie Hände, Knie, Klamotten anschließend aussehen:

Karla ist jeden Dienstag bei ihrer Oma zu Besuch. Karlas Mutter muss dienstags immer bis zum Abend arbeiten.

Karla spielt gern in Omas großem Garten. Sie soll sich von dem sorgsam gezüchteten Gemüse fernhalten.

Oma Klara ruft Karla rein. Das Abendessen ist gleich fertig.

Karla trödelt noch ein bisschen draußen. Sie will sich dann beeilen.

Karla hat gleich doppeltes Pech.

Sie will über das Salatbeet springen, verfehlt den Absprung

und tritt in einen prächtigen Salatkopf.

Sie rutscht auf dem Salat aus und fällt in voller Länge

in die Radieschen.

Karla und ihre Kleidung sind ziemlich schmutzig.

Sie will sich an der Oma vorbeischleichen.

Ihre dreckigen Schuhe verraten sie.

Es bleibt Karla nichts anderes übrig:

Sie muss den Tritt in den Salat und

den Fall in die Radieschen beichten.

Es gibt ein ziemliches Donnerwetter.

Die Dreckspur zieht sich bis in den Flur.

Es hilft nichts: Karla muss noch vor dem Abendessen

in die Badewanne.

Sie zetert und schreit: „Das Shampoo piekt in den Augen!"

Die Oma schrubbt sie unerbittlich.

Nach dem Abendessen versöhnen sie sich und spielen friedlich „Mensch ärger dich nicht".

Die Oma meint sogar: „Kinder müssen sich auch dreckig machen dürfen. Besser, als immer vor dem Fernseher zu hocken".

Und Karla gibt zu: „Nach so einem Bad fühlt man sich wirklich besser."

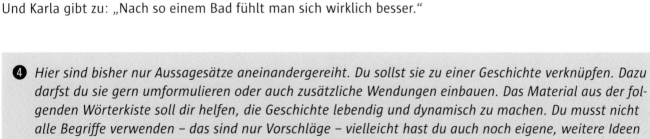

❹ *Hier sind bisher nur Aussagesätze aneinandergereiht. Du sollst sie zu einer Geschichte verknüpfen. Dazu darfst du sie gern umformulieren oder auch zusätzliche Wendungen einbauen. Das Material aus der folgenden Wörterkiste soll dir helfen, die Geschichte lebendig und dynamisch zu machen. Du musst nicht alle Begriffe verwenden – das sind nur Vorschläge – vielleicht hast du auch noch eigene, weitere Ideen für elegante Satzanfänge und -verknüpfungen. Findest du auch einen Titel?*

> schließlich – immer – weil – erst – danach – bevor – allerdings – obwohl – während – plötzlich – wenn – um … zu – dabei – wegen – jedoch – als – aber – doch – wo – nachdem – zwar – dann – erst – bis – zu guter Letzt

3   Gesundheit für alle: ein Job für viele

Hast du schon mal darüber nachgedacht, wieso Menschen krank werden?
Manchmal ist es gar nicht so einfach, die richtigen Antworten zu finden.
Und hast du schon einmal überlegt, wer alles dazu beitragen muss, dass wir gesund bleiben?
Außer den Ärzten sind das Politiker, deine Eltern, du selbst, aber auch Leute, an die man nicht sofort denkt.
Wie z.B. Müllmänner.

Kampf den Keimen

Der englische Arzt Charles West richtete 1852 in London das erste Kinderkrankenhaus des Landes ein. Es verfügte über 10 Betten. Der berühmte Schriftsteller Charles Dickens, Autor von *Oliver Twist* und dem *Weihnachtsmärchen,* unterstützte West mit einem Zeitungsartikel. Er schrieb damals:

„Während schon in vielen Städten des Auslandes Kinderkrankenhäuser errichtet sind, gibt es bisher in ganz England noch kein einziges. Dabei ist von allen Särgen, die in London hergestellt werden, mehr als ein Drittel für kleine Kinder bestimmt. So müssen fortwährend Kinder sterben, die eine bessere Kenntnis retten würde."

Leider war die Situation der Kinder nicht nur in England schlimm: Mindestens die Hälfte von ihnen erreichte in Europa nie das Erwachsenenalter, weil sie sehr früh starben.

In vielen Fabriken des 19. Jahrhunderts fingen Kinder mit sieben Jahren an zu arbeiten, denn ihre Eltern verdienten nicht genug, um die Familie zu ernähren. Eine 18-stündige Arbeitszeit war leider keine Seltenheit. So berichtete ein Tapetenfabrikarbeiter, dass er seinen siebenjährigen Sohn täglich in die Fabrik und nach 16-stündiger Arbeit wieder nach Hause trug. Er musste ihn mittags füttern, während der Kleine an der Maschine stand, die er nicht verlassen durfte. In Bergwerken mussten kleine Kinder unter Tage arbeiten, die schweren Loren beladen, und oft sahen sie wochenlang kein Tageslicht.

Viele Familien hausten in einem einzigen kleinen dunklen Zimmer, ohne Heizung, Küche oder Bad. Sauberes Trinkwasser gab es auch nicht immer. Und wenn einer krank wurde, steckte er oft den Rest der Familie an, weil man so eng zusammenlebte, sich mit vielen Personen in ein einziges Bett quetschen musste, nur ein dreckiges Plumpsklo auf dem Hof hatte usw. Außerdem hatten nur wenige Leute Geld für Medizin oder für vernünftiges Essen.

Viele Menschen glaubten damals auch, ein früher Tod sei von Gott gewollt, und dagegen könne man einfach nicht viel machen.

Den berühmten Arzt Rudolf Virchow (1821–1902) machte das alles ziemlich wütend. Er gründete 1861 eine politische Partei, denn er war davon überzeugt, dass viele Menschen durch große Armut und harte Arbeit viel zu früh sterben mussten. Daher forderte er Bildung, Wohlstand und Freiheit für alle. Mit der Zeit haben die Politiker das auch verstanden, und das Leben der Menschen ist in Deutschland besser geworden.

A. Hartmann/S. Klöver: „Die Geburtsstunde der Gummibärchen"
© Edition MoPäd

Doch auch 1880 beschäftigten sich viele Forscher in Deutschland noch mit der Frage: Was macht den Menschen eigentlich krank? Besonders zwei Herren haben sich hier über die Gründe ziemlich gestritten: Max Pettenkofer (1818–1901) und Robert Koch (1843–1910). Max Pettenkofer war Professor in München und fest davon überzeugt, dass Umweltprobleme wie schmutziges Trinkwasser die Hauptursache für Krankheiten seien. Daher müsse man z.B. in jeder Stadt Wasserleitungen und Abwasserkanäle bauen. Auch dürfe man den Müll nicht einfach aus dem Fenster auf die Straße kippen, sondern man müsse ihn aus der Stadt abtransportieren. Und saubere Atemluft forderte er auch für die Menschen.

Der Berliner Forscher Robert Koch hatte eine etwas andere Antwort auf die Frage: Was macht den Menschen krank? In seinem Labor hatte er unter dem Mikroskop verschiedene Bakterien entdeckt und verstanden, dass sie in unserem Körper die Ursache für verschiedene gefährliche Krankheiten sind und dass einige von ihnen von Mensch zu Mensch weitergegeben werden. Um zu vermeiden, dass die Kranken die Gesunden anstecken, müsse man also die Kranken isolieren, d.h. von den Gesunden trennen. Wenn man die Sache heute betrachtet, dann hatten eigentlich Pettenkofer *und* Koch Recht. Wir brauchen eine saubere Umwelt, und wir brauchen das Wissen über Bakterien & Co.

Und jeder, der schon einmal eine Sendung über die Situation der Menschen in ärmeren Ländern gesehen hat, der weiß, dass auch Rudolf Virchow nach 150 Jahren immer noch Recht hat: Gesundheit braucht Bildung, Wohlstand und Freiheit!

---

❶ *Na, war der Text auch harte Arbeit? Dann sollten wir ihn noch einmal genauer ansehen. Beantworte bitte die folgenden Fragen:*

① *Warum wurden Kinder früher oft nicht alt? Nenne drei wichtige Ursachen.*
② *Was wollte Max Pettenkofer zur Bekämpfung von Krankheiten tun?*
③ *Was entdeckte Robert Koch in seinem Labor?*
④ *Warum muss man manchmal Kranke und gesunde Menschen trennen?*
⑤ *Warum kann es ohne Bildung, Wohlstand und Freiheit in einem Land keine „Gesundheit für alle" geben?*
⑥ *„Gesundheit für alle" – ist das, wie in der Überschrift formuliert, wirklich nur ein Job für Politiker, Forscher und Müllmänner? Was kannst du denn tun, um gesund zu bleiben?*

❷ *Und nun lesen wir den Text noch etwas genauer. Bitte gib die **fett gedruckten Wörter** unten mit deinen eigenen Worten wieder:*

*Beispiel: Charles West **richtete** das erste Kinderkrankenhaus **ein**.*
*Charles West **gründete** das erste Kinderkrankenhaus.*

① *Das Krankenhaus **verfügte über** 10 Betten.*
② *So müssen **fortwährend** Kinder sterben, die eine bessere Kenntnis retten würde.*
③ ***Unter Tage** arbeiten bedeutet, …*
④ *Viele Familien **hausten** in einem einzigen Zimmer.*
⑤ ***Gegen** 1880 befassten sich viele **Forscher** mit der Frage: Was macht den Menschen krank?*
⑥ *Koch hatte verstanden, dass Bakterien **die Ursache** für viele Erkrankungen **sind**.*

Vor etwa 100 Jahren waren die Menschen ziemlich stolz auf ihre Erfolge im Kampf gegen ansteckende Krankheiten. Nachstehend findest du einen Text aus dem damals sehr bekannten Kinderbuch „Mutter Natur erzählt" von Karl Ewald. Die Sprache ist manchmal etwas altmodisch, aber wir sind überzeugt, dass du fast alles verstehst:

Die drei Weltmächte

Katharine machte die Stube zurecht. Sie öffnete die Fenster, sprengte Wasser auf den Fußboden und fegte. Sie klopfte das Sofa und die Lehnstühle aus, sodass der Staub in dichten Wolken umherstob. Und dann nahm sie das Staubtuch und machte die Runde damit.

Als alles in Ordnung war, schloss sie die Fenster und ging aus dem Zimmer.

In diesem Augenblick fiel ein höchst unbedeutender Geselle aus der Luft herab. Er war so, dass man nie hätte daran denken können, ihn mit bloßem Auge zu entdecken. Betrachtete man ihn durch ein Vergrößerungsglas, so glich er einem Komma.

So klein er aber war, so zäh war er auch. Auf der Stelle, auf die er gefallen war, blieb er liegen, ohne sich zu rühren; er gab keinen Laut von sich und sah aus, als ob ihn alles um ihn herum nichts anginge. Wäre ein Wind gekommen, so wär er weggeweht worden. Aber es kam kein Wind, und so blieb er liegen.

Bald darauf kam noch einer angepurzelt und legte sich neben ihn. Er war genauso verschwindend klein wie der Erste und genau so zäh anzuschauen. Aber durch ein Vergrößerungsglas könnte man sehen, dass er an dem einen Ende dicker war als an dem andern, sodass er einer kleinen Keule glich.

„Ergebenster Diener," rief der Erste.

„Ergebenster Diener, antwortete der Zweite.

Dann schwiegen sie ein Weilchen.

„Hier ist es gehörig trocken," begann nun der Zweite.

„Ich bin ganz Ihrer Meinung," erwiderte der Erste. „Es ist hier so trocken, dass ich bald sterben muss, falls nicht eine Änderung zum Nassen hin eintritt."

„Vielleicht darf ich mich vorstellen", sagte der Erste. „Mein Name ist Diphtheriebazillus."

„Freut mich außerordentlich, Ihre persönliche Bekanntschaft zu machen", entgegnete der Erste. „Ihr Name ist mir selbstverständlich längst bekannt. Vielleicht kennen Sie auch den meinen. Ich bin der Cholerabazillus."

„Ach, Sie sind der berühmte Cholerabazillus!"

„Berühmt hin, berühmt her. – Aber wer kommt denn da?"

Es kam noch so ein Gesell aus der Luft herabgepurzelt, der sich neben die beiden legte. Er hatte dieselbe Größe wie die andern, war jedoch steif wie ein Pflock. Er sah so zäh aus, dass sie sofort seine Familienzugehörigkeit erkannten.

„Wir sprechen soeben davon, dass es hier sehr trocken ist," sagte der Cholerabazillus und verbeugte sich.

„Sie haben gewiss Recht," fiel der Neue ein. „Aber das macht mir nichts aus. Ich kann mich auf dem Trockenen zurechtfinden, solange es sein muss. Mein Name ist Tuberkelbazillus."

„Freut mich außerordentlich. Ich bin der Cholerabazillus. Und der Herr dort ist der Diphtheriebazillus."

„Wir sprachen soeben von der Berühmtheit des Cholerabazillus," sagte der Diphtheriebazillus.

„Es ist kein Wort darüber zu verlieren," unterbrach ihn der Cholerabazillus. „Mit mir ist es abwärts gegangen, seitdem ich entdeckt wurde."

„Ach ja," fiel der Diphtheriebazillus ein. „Mir ist es ebenso ergangen."

„Mir auch," seufzte der Tuberkelbazillus.

A. Hartmann/S. Klöver: „Die Geburtsstunde der Gummibärchen"
© Edition MoPäd

„Diese verfluchten Vergrößerungsgläser sind schuld daran," rief der Cholerabazillus. „Die elenden Menschen machen einen ausfindig, mag man auch noch so versteckt sein. Und dann bekämpfen sie einen bis aufs Äußerste."

„Man muss sich wehren," sagte der Diphtheriebazillus. „Wenn man gut aufpasst, kann man sich schon durchschlagen. Es kommt nur darauf an, dass man sich ganz still verhält; und wenn man dann Kameraden genug hat, so macht man sich über die Menschen her und erwürgt sie."

„Ich mache gern alles in Ruhe ab," begann der Tuberkelbazillus. „Ich finde, es hat keine so fürchterliche Eile. Man quartiert sich ein, macht es sich gemütlich und breitet sich aus, und dann geht alles von selbst, ohne viel Lärm."

„Das Ruhige liegt mir nicht," berichtete der Cholerabazillus. „Ich falle am liebsten wie ein Gewitter über die Menschen her. In alten Zeiten war ich eine Macht. Da war ich für die Menschen etwas Grauenerregendes, Rätselhaftes. Sie hielten mich für eine Strafe Gottes für ihre Sünden und ließen mich wüten, so toll ich wollte. Ich verbarg mich in ihren Kehrichthaufen, die allerorten umherlagen; und wenn sie glaubten, dass es vorbei mit mir sei, so war ich im nächsten Frühjahr doch wieder da und habe weitergewütet."

„Ich weiß, ich weiß …," sagte der Diphtheriebazillus.

„Sie haben eine glorreiche Geschichte," rief der Tuberkelbazillus. „Ich bin, wie gesagt, immer mehr fürs Ruhige gewesen, habe aber darum doch dies und jenes ausgerichtet. Ich habe mich in den Familien von Geschlecht zu Geschlecht gehalten und hab es mir da recht gemütlich gemacht. Aber ich kann ja nicht leugnen, dass die guten Tage jetzt zur Neige gehen. Überall bauen sie Sanatorien und legen mir auf jede erdenkliche Weise Hindernisse in den Weg."

„Ja, es sieht schlimm aus," bestätigte der Cholerabazillus. „Jetzt passen sie viel zu gut auf, dass es überall sauber ist. Wenn ich mich in einem Menschen einquartiert habe, stecken sie ihn in ein Hospital und sperren ihn von der ganzen Welt ab, sodass ich nicht weiterkommen kann."

„Ja, es ist traurig," sagte der Tuberkelbazillus.

Und auch der Diphtheriebazillus stimmte mit ein: „Es geht abwärts."

Nun lagen sie eine Weile schweigend nebeneinander. Dann krümmte sich plötzlich der Cholerabazillus sehr heftig.

„Warum kommt Katharine nicht mit dem nassen Tuch?" seufzte er. „Was für ein Pech, dass ich in ein so unordentliches Haus hineingeplumpst bin!"

Die andern sagten nichts dazu, und der Cholerabazillus krümmte sich noch mehr.

„Ich sterbe," rief er schließlich. „Adieu, meine Herren! Lassen Sie es sich gut gehen!"

Damit war er tot.

„Nun sind nur noch wir beide übrig," seufzte der Tuberkelbazillus.

„Das sind wir."

„Das kommt daher, weil wir am zähesten sind. Zähigkeit ist die wichtigste Eigenschaft für einen Bazillus."

„Allerdings," bestätigte der Diphtheriebazillus. „Nächst seiner Kleinheit natürlich. Stellen Sie sich einmal vor, dass wir so groß wie Elefanten wären!"

„Ho, ho, ho," lachte der Tuberkelbazillus. „Ja, dann wären wir allerdings bald fertig. Oder was meinen Sie dazu, wenn wir so empfindlich wären wie die Menschen?"

„Hi, hi, hi," lachte der Diphtheriebazillus.

In diesem Moment wurde eine Tür geöffnet. Ein Zugwind wehte durch die Stube. Für die Bazillen war er ein regelrechter Sturm.

Er packte sie und wirbelte sie in die Luft empor; und wo sie geblieben sind, das weiß ich nicht.

❸ *Im Text wird jeder der drei Bazillus-Typen beschrieben.*
Lies noch einmal nach, schreibe auf, wie sie aussehen,
und beschrifte dann die Porträts.

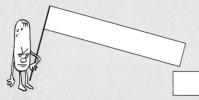

Cholerabazillus	Diphtheriebazillus	Tuberkulosebazillus
So sieht er aus:	So sieht er aus:	So sieht er aus:
„Cholera" ist eine schwere Krankheit, die meistens durch unsauberes Trinkwasser übertragen wird. Die Kranken haben z.B. sehr starkes Bauchweh und Durchfall.	Diphtherie ist eine schwere Halsentzündung, dieser Bazillus ist die Ursache. Man steckt sich an, indem man z.B. von einer kranken Person angehustet wird. Man bezeichnete die Diphtherie damals auch als „Würgeengel", weil viele der Kranken nicht mehr richtig atmen konnten.	Der Tuberkelbazillus löst eine schwere Lungenkrankheit aus. Der Bazillus wird z.B. durch Hustentröpfchen weitergegeben.

❹ *Welche Antwort ist richtig? Sieh dir den Text noch einmal an und kreuze dann an.*

① Tuberkulosebazillen …
   A   haben es gerne feucht und heiß.
   S   sterben ziemlich schnell.
   K   leben in einer trockenen Umgebung länger als Cholerabazillen.

② Menschen, die an Cholera erkrankten, …
   T   wurden mit Spritzen und Tabletten geheilt.
   R   kamen ins Krankenhaus und wurden isoliert.
   O   können keine Diphtherie bekommen.

③ Früher sind viele Menschen in Europa an der Cholera gestorben, weil …
   A   unsere Städte schmutziger waren und z.B. sehr viel Müll auf den Straßen lag.
   M   sie Angst vor Gottes Strafe hatten.
   L   das Klima kälter war.

④ Manche Bazillen sind gefährlich, weil sie …
   I   bei guter Pflege groß wie Elefanten werden können.
   N   Krankheiten verursachen.
   E   nur innerhalb des menschlichen Körpers leben können.

⑤ Die Bakterien sind davon überzeugt, dass dies ihre wichtigste Eigenschaft ist: …
   S   Intelligenz
   K   Zähigkeit
   D   Humor

Lösungswort: ☐ ☐ ☐ ☐ ☐

A. Hartmann/S. Klöver: „Die Geburtsstunde der Gummibärchen"
© Edition MoPäd

❺ *Gruppenarbeit: Lest den Text bitte laut und mit verteilten Rollen. Dabei werdet ihr merken, dass einige Wörter und Wendungen heute gar nicht mehr in Gebrauch sind.*

a) Unterstreicht bitte diese Wörter und tragt sie anschließend feierlich zu Grabe (schreibt sie in die linke Tabellenspalte).

b) Wenn ihr die Wörter und Wendungen beerdigt habt, dann überlegt bitte gemeinsam, mit welchen lebendigen Wörtern und Wendungen ihr die lieben Verstorbenen ersetzen könnt (rechte Tabellenspalte).

Heute ungebräuchlich †	Moderner
Geselle	Typ

Ist dir eigentlich aufgefallen, dass die drei Bazillen im Text sich gar nicht über Tabletten beschweren?
Als ihre größten Feinde bezeichnen sie stattdessen das „Wegsperren" der Kranken und Sauberkeit.
Von Tabletten steht im Text kein Wort, weil man 1910 noch keine Möglichkeit hatte, die Bakterien mit Medikamenten zu bekämpfen. Koch & Co. hatten die Bazillen zwar entdeckt, aber damit waren sie noch nicht besiegt.

4   Prima Pilze: Penicillin & Co.

Schimmelpilze haben einen schlechten Ruf: Sie machen unsere Lieblingsmarmelade ungenießbar, überziehen altes Brot oder den im hintersten Winkel des Kühlschranks vergessenen Fruchtjoghurt mit einem ekligen weiß-grünen Pelz. Kurzum: Sie sind ein Ärgernis!
Oder doch nicht? Viele Dinge auf der Welt sind nicht eindeutig gut oder schlecht. Hierzu gehören sicher auch die Pilze. Auf der Erde gibt es 120.000 Arten von ihnen. Einige, z.B. den Champignon oder den oben genannten Schimmelpilz, hast du schon kennengelernt. Kaum zu glauben, dass sie miteinander verwandt sind, oder?

❶ *Doch bevor wir uns näher mit ihrem Wirken in der Medizin befassen, folgt noch ein kleiner Lückentext über Wesen, die uns manchmal krank machen:*

Die Welt der Krankheitserreger: Wer ist wer und wer wimmelt wo?

Die ältesten Bewohner unseres Planeten sind die __ __ __ __ __ __ __ __ __ . Sie sind sage und schreibe 3,5 Milliarden Jahre alt! Außerdem sind sie die am häufigsten vorkommenden Erdbewohner. Sie sind buchstäblich überall: auf deiner PC-Maus, auf deiner Blockflöte, im Badewasser, auf deiner Zahnbürste, an Mamas Fingerring, auf dem Schnuller deiner kleinen Schwester, auf Papas Nasenspitze usw. usw.

Und selbst, wenn es gelingen würde, sie in den eigenen vier Wänden „wegzuputzen", wäre das sinnlos, denn ein einziger Windstoß brächte wieder unzählige von ihnen zurück.

Doch ohne __ __ __ __ __ __ __ __ würde auf der Erde nichts funktionieren. Denn die gesamte Welt wäre voll von Leichen der Geschichte, von unseren Abfällen und Ausscheidungen. Denn ein wichtiger „Job" der __ __ __ __ __ __ __ __ ist es, tote Organismen in ihre Bestandteile zu „zerlegen", aus denen dann wieder neue Lebewesen entstehen können. Und auch die menschliche Verdauung würde ohne __ __ __ __ __ __ __ __ gar nicht klappen, denn sie helfen dem Darm bei seiner Arbeit.

__ __ __ __ __ __ __ __ sind so klein, dass man sie mit bloßem Auge nicht erkennen kann. Es gibt z.B. runde, stäbchenförmige und spiralförmige. Eigentlich wollen __ __ __ __ __ __ __ __ nur dasselbe wie wir auch: essen, sich fortpflanzen und sich vor Gefahren schützen. Manche von ihnen überleben stundenlang in kochendem Wasser oder viele Jahre im Eis der Tiefkühltruhe. Im Unterschied zu uns sind __ __ __ __ __ __ __ __ bei der Fortpflanzung viel flotter. Während wir Menschen uns jahrelang mit der Aufzucht unserer ein bis zwei Kinder mühen, gibt es __ __ __ __ __ __ __ __, die binnen zehn Stunden eine Milliarde Tochterzellen hervorbringen.

Und wenn man nun bedenkt, dass einige von ihnen gefährliche Krankheiten wie __ __ __ __ __ __ __, __ __ __ __ __ __ __ oder __ __ __ __ __ __ __ __ verursachen, dann ist eine derartig

A. Hartmann/S. Klöver: „Die Geburtsstunde der Gummibärchen"
© Edition MoPäd

starke Vermehrung natürlich eine sehr unangenehme Vorstellung. Doch die meisten

_ _ _ _ _ _ _ _ _ _sind für den Menschen Gott sei Dank völlig harmlos.

Manche Menschen haben auch größere „Untermieter. Hierzu gehören _ _ _ _ _ _ ,

_ _ _ _ _ _ und _ _ _ _ _ _, die sich von unserem Blut ernähren. Sie loszuwerden, ist manchmal

gar nicht so einfach, aber richtig gefährlich werden diese Gäste ihrem menschlichen Wirt nur sehr, sehr

selten. Meistens muss man sich bei ihrem Besuch aber heftig kratzen.

Wenn du im Hallenbad bist, wirst du oft aufgefordert, dir die Füße einzusprühen. Deine Eltern haben

dir vielleicht erklärt, dass du dich gegen _ _ _ _ _ _ _ schützen musst. Von den 120.000 Pilz-

arten können dem Menschen etwa 100 gefährlich werden. Viele _ _ _ _ _ verursachen Haut-

krankheiten, daher soll man sich z.B. nach dem Baden immer gut die Zehen trocknen. Ein eher „freund-

licher" _ _ _ _ ist die Hefe, die z.B. dafür sorgt, dass Kuchen und Brot schön locker werden.

_ _ _ _ _ _ _ _ _ _ segeln durch die Luft und verbreiten sich auf diese Weise fast über den

gesamten Globus.

Noch was? Ach ja, die _ _ _ _ _. Die sind noch viel kleiner als Bakterien, sodass man sie unter

dem Mikroskop oft nicht sieht. Sie verursachen z.B. Windpocken, Röteln oder Grippe. Da _ _ _ _ _

sehr widerstandsfähig sind, lassen sie sich oft noch schlechter bekämpfen als

_ _ _ _ _ _ _ _. Wenn man erst einmal eine _ _ _ _ _ _ _ _ _ _ _ _ _ _ _ hat,

dann lässt sie sich im Körper oft gar nicht mit Medikamenten bekämpfen. Am besten ist manchmal

Vorbeugen durch _ _ _ _ _ _.

Fußpilz – Wanzen – Cholera – Flöhe – Pilz – Diphtherie – Viruskrankheit – Pilzsporen –
Pilze – Bakterien (10x) – Impfen – Viren (2x) – Tuberkulose – Läuse

---

❷ *Finde für jeden Abschnitt eine Überschrift.*

❸ *Hast du alles verstanden? Dann sollte es dir leicht fallen, die folgenden Fragen zu beantworten:*

① *Welches sind die ältesten Lebewesen der Welt?*
② *Sind Bakterien immer schädlich?*
③ *Kannst du alle Bakterien in deinem Zimmer durch Putzen „ausrotten"?*
④ *Haben alle Bakterien dieselbe Form?*
⑤ *Warum sind manche Bakterien für den Menschen gefährlich?*
⑥ *Welche Vorteile haben manche Bakterienarten gegenüber dem Menschen?*
⑦ *Wie kann man Pilzkrankheiten verhindern?*
⑧ *Lassen sich Viruserkrankungen mit Tabletten bekämpfen?*

Die Geburt des Penizillins

Vor fast 80 Jahren machte der Engländer Alexander Fleming eine der größten Entdeckungen des
20. Jahrhunderts. Davor hatten Robert Koch und seine Kollegen in ihren Labors zwar viele gefährliche Bakterien nachgewiesen, aber sie wussten noch nicht, wie man diese Krankheitserreger
bekämpft. Die einzige Lösung war damals die Trennung von Kranken und Gesunden, damit die
Bakterien nicht von einem zum anderen „wandern" konnten. Damit konnte man aber manchmal
nur die Ausbreitung der Krankheit etwas abbremsen.
Und so starben 1918 weltweit 20 Millionen Menschen allein durch eine große Grippewelle.

Durch einen großen Glücksfall fand der Engländer Alexander Fleming dann ein natürliches Mittel
gegen bestimmte Bakterien. Weil er damit eine sehr bedeutende Entdeckung machte, gibt es viele
Geschichten darüber, wie er auf das „Penizillin" stieß. Manche Menschen glauben, die Sache habe
sich etwa so abgespielt:

London, im August 1928 – Der Wissenschaftler Alexander Fleming hat es ziemlich eilig, endlich in
Urlaub fahren zu können. Er räumt schnell noch ein wenig sein Labor im Londoner Marien-Hospital
auf und fährt dann in die Ferien. In seiner Hast hat er aber vergessen, eine sogenannte *Petrischale*
wegzustellen, auf der eine *Kolonie* von Staphylokokken (das sind kugelförmige Bakterien) leben.
Als Fleming einige Zeit später aus dem Urlaub zurückkehrt, stellt er fest, dass ein Teil dieser für
den Menschen sehr gefährlichen Kokken abgestorben war. Fleming wundert sich und stellt die
Petrischale unter sein *Mikroskop*. Auf den toten Kokken findet er gewöhnliche Schimmelpilze, die
aus der Luft auf die Bakterienkolonie gesegelt waren und sich dort vermehrt hatten. Überall dort,
wo der Schimmelpilz wuchs, waren die Kokken mausetot. Fleming versteht sofort: Ein gewöhn-
licher Schimmelpilz mit dem lateinischen Name Penicillium ist eine *Wunderwaffe* gegen die gefährlichen Staphylokokken.

Aber vom Labor in die Apotheke ist es oft ein langer Weg. Erst 12 Jahre später machte man in
einem englischen Labor einen Versuch mit acht kranken Mäusen. Vier der Nager bekamen eine
Spritze mit dem Saft des Schimmelpilzes „Penicillium" und überlebten. Die vier unbehandelten
Mäuse starben an einer Kokken-Entzündung.

Schnell merkten die Ärzte, dass dieser Schimmelsaft gegen fast alle Krankheiten wirkte, die durch
Bakterien verursacht werden. Und sie konnten viele Menschen retten, die früher an ihren Krankheiten gestorben wären. Die Forscher nannten das neue Medikament „Penizillin" und bezeichne-

A. Hartmann/S. Klöver: „Die Geburtsstunde der Gummibärchen"
© Edition MoPäd

ten es als „Antibiotikum". Dieses Wort stammt aus dem Griechischen und bedeutet „gegen das Lebendige". Das klingt zwar etwas bedrohlich. Aber eigentlich ist damit nur gemeint, dass Penizillin und andere ähnlich wirkende Medikamente gegen lebende Krankheitserreger, das heißt gegen Bakterien wirken.

Gegen Pilze oder Viren nützen sie allerdings gar nichts, das solltest du wissen. Antibiotika nimmt man auch nur, wenn der eigene Körper zu schwach ist, um selber mit den Erregern fertig zu werden. Vielleicht, weil du verletzt bist oder noch eine andere Krankheit hast. Und noch etwas: Antibiotika muss man richtig oder gar nicht anwenden. Das heißt, man sollte das Medikament ganz regelmäßig nehmen, um wirklich alle Bakterien abzutöten. Wenn du das nicht tust, dann überleben einige der Erreger und gewöhnen sich an das Medikament. Und das hat zur Folge, dass man sie später nur noch sehr schwer bekämpfen kann, weil sie *resistent* geworden sind.

Insgesamt hat Flemings Entdeckung viele Millionen Menschenleben gerettet. Prima Pilze, oder?

❹ *Kannst du die Geschichte von Alexander Fleming und dem Penizillin erzählen?*
Schreibe zu jedem Abschnitt die wichtigsten Stichwörter neben den Text, z.B.:

> Grippewelle – London – Urlaub – Labor – Petrischale – Bakterien – abgestorben –
> Mikroskop – Schimmelpilze – Mäuseversuch

Decke dann den Text ab und nimm nur die Stichwörter am Rand zu Hilfe.

❺ *Bitte erkläre, was die kursiv gedruckten Wörter bedeuten.*
Schau ruhig im Wörterbuch und Lexikon nach.

Petrischale: _____

Kolonie: _____

Mikroskop: _____

Wunderwaffe: _____

resistent: _____

❻ *Wanted: Staphylokkok! Kannst du ihn identifizieren? Woran erkennst du ihn?*

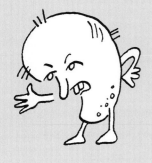 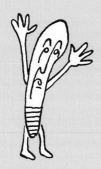  

VI Zu guter Letzt

Aufgabenübersicht: Textumfang, Schwierigkeitsgrad und Bezug auf KMK-Bildungsstandards

1 Finden & erfinden

1	■	★	Finden (Material sammeln)
2		★★	Beschreibung: Gegenstandsbeschreibung
3		★★	Erfinden I: Geschichte zu Gegenstand erfinden
4		★★★	Erfinden II: Geschichte von Erfinder erfinden

2 Wahr oder erfunden?

	■■	★★(★)	Stimmt es, dass …? Vermutungen äußern oder in Texten des Bandes gezielt nachlesen (allein oder als Quiz in Gruppen)

3 Mit den Entdeckungen am Ende?

1	■	★★	Fragen zum Text frei beantworten, gezielt nachlesen
2	■	★	Berufswunsch Entdecker? Vermutungen äußern
3	■■	★★	Nutzen und Nachteile von Entdeckungen: Bestandsaufnahme im Konditional formulieren
4	■■	★★★	Entdeckungen und Erfindungen nach Nutzen und Nachteilen sortieren (Partnerarbeit), argumentieren
5	■	★★	Zukunftsmusik: Ein Bild der Erde im Jahr 3000 in Futur I und II entwickeln

4 Sprichwörtlich

	■■	★	Redensarten vervollständigen, Vorwissen und Leseerfahrungen nutzen

5 Alles Neue wird alt: das Museum

1	■■	★	Vermutungen formulieren und begründen
2	■■	★★	Geschichte weitererzählen
3	■	★	Briefkorrektur I: Vorsilben korrigieren
4	■	★★	Briefkorrektur II: Rechtschreibung und Zeichensetzung korrigieren
5	■	★	Fragen beantworten, Informationen gezielt nachlesen
6	■	★★	Fragen für einen Museumstag: Recherche

A. Hartmann/S. Klöver: „Die Geburtsstunde der Gummibärchen"
© Edition MoPäd

1   Finden & erfinden

Ihr wisst sicherlich längst, dass das Wort „erfinden" zwei Bedeutungen hat: Man kann Dinge erfinden oder auch Geschichten erfinden, also auch eine Geschichte über das Erfinden erfinden. Wenn die meisten von uns leider weder für die eine noch für die andere Art von Erfindung begabt sind, ist das nicht weiter schlimm. Fangen wir doch einfach mit dem Finden an.

Pippi Langstrumpf, vielleicht erinnert ihr euch, hat sich selbst als Sachensucherin bezeichnet und alles aufgesammelt, was ihr in den Weg kam. Mark Twain hat in *Die Abenteuer des Tom Sawyer* den Tascheninhalt von Tom geschildert, der die verschiedensten Dinge: Nägel, Zwirn, Zettelchen und sogar eine krepierte Ratte dort aufbewahrte. Der russische Schriftsteller Sergej Tretjakow hat 1929 vorgeschlagen, gemeinsam mit Kindern ein Buch zu schreiben. Dazu müsse man die Dinge dazu bringen, dass sie erzählen.

Diesen Vorschlag möchten wir an euch weitergeben. Also an die Arbeit!

Was ist zu tun?

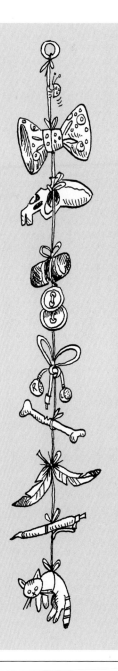

❶ *Finden (Material sammeln)*

Wähle eine freie Stunde, in der du ungestört bist, breite ein Blatt Papier oder eine Zeitung vor dir aus und leere darauf deine Hosen- oder Anoraktaschen aus: ein Häufchen für die linke, eins für die rechte Tasche. Auch kleine Dinge – Papierfetzen, Notizzettel, Krümel – sind von Interesse!

❷ *Beschreibung*

Jetzt beschreibe einen der Gegenstände, den du dort gefunden hast, so genau wie möglich:
- *Was ist es für ein Ding?*
- *Wie sieht es aus?*
  Ist es zerkratzt, verbogen, zerknüllt, bunt, kariert, farblos?
- *Von wem hast du es bekommen?*
- *Seit wann ist es in deiner Tasche?*
- *Warum bewahrst du es dort auf?*
- *Was bedeutet es dir? usw.*

❸ *Erfinden I*

Jetzt sollst du noch eine Geschichte zu einem der Dinge erzählen. Schnapp dir einen Knopf, eine Figur, einen Nagel, einen Stein, was immer du findest und was dir interessant erscheint. Es darf auch der eben beschriebene Gegenstand sein, und deine Geschichte darf ruhig ziemlich verrückt und frei erfunden sein.

❹ *Erfinden II*

Jetzt erfinde eine Geschichte von einem Erfinder, der aus den Dingen, die du in deiner Tasche findest, eine Erfindung macht.

2 Wahr oder erfunden?

Stimmt es, ...		Ja	Nein
①	... dass Alexander Fleming ein natürliches Mittel gegen die Dummheit gefunden hat?		
②	... dass es auf der Welt 5.000 Kartoffelsorten gibt?		
③	... dass die chinesische Mandarinente eine in Brandenburg beliebte Delikatesse ist?		
④	... dass der Gummibär im Jahre 1922 geboren wurde?		
⑤	... dass Windelhöschen von einem Amerikaner namens James Pamper erfunden wurden?		
⑥	... dass ein gewisser Otto von Guericke die Luftpumpe erfunden hat?		
⑦	... dass das Meerschweinchen so heißt, weil es mehr Schweinchen als Nager ist?		
⑧	... dass das erste Seifenrezept in ägyptischen Hieroglyphen verfasst wurde?		
⑨	... dass der Diphtheriebazillus ein kommaförmiger Krankheitserreger ist?		
⑩	... dass das Wort „Apfelsine" „ohne Apfel" bedeutet?		
⑪	... dass die Indianer so heißen, weil sie aus Indien stammen?		
⑫	... dass die Regenjacke in Großbritannien noch immer den Namen ihres Erfinders Macintosh trägt?		
⑬	... dass ein Sapodilla-Baum bis zu 3.000 Früchten tragen kann?		
⑭	... dass die Stadt Meißen vor allem durch ihre Pralinen so berühmt wurde?		
⑮	... dass zahllose Angestellte die Anfragen an die Suchmaschine Google beantworten?		
⑯	... dass die Ananas schon seit 1690 in Europa bekannt ist?		
⑰	... dass Frau Rad ihren Gästen blutigen Zucker zum Tee servierte?		
⑱	... dass der preußische König Friedrich II (Der „Alte Fritz") die Pommes Frites erfunden hat? Hat also Heinz Erhardt mit seinem Gedicht „Vom Alten Fritz" Recht?		

⑱ (Fortsetzung):

Vom Alten Fritz, dem Preußenkönig,
weiß man zwar viel, doch viel zu wenig.
So ist zum Beispiel nicht bekannt,
dass er die Bratkartoffel erfand!
Drum heißt sie auch – das ist kein Witz –
Pommes Fritz!

> Ihr könnt auch zu zweit oder in Gruppen ein Quiz veranstalten.

Kreuze an.

A. Hartmann/S. Klöver: „Die Geburtsstunde der Gummibärchen"
© Edition MoPäd

3   Mit den Entdeckungen am Ende?

Die Suche nach den grauen Flecken

Die Frage, ob man heute, gut 500 Jahre nach Kolumbus, auf der Erde noch etwas entdecken kann, lässt sich nicht beantworten. Es ist gerade die Eigenschaft der Entdeckung, dass man nichts von ihr weiß, bis sie gemacht wurde. Danach ist sie ja keine mehr. Nachdem der Mensch, und dabei zuerst Russen und Amerikaner, Anfang der siebziger Jahre [bzw. in den fünfziger Jahren; Anmerkung der Autorinnen] damit begannen, Satelliten ins All zu schießen, die die Erde umkreisen, sie beobachten, fotografieren und vermessen und inzwischen Objekte von nur wenigen Millimetern Größe erkennen können, ist es unwahrscheinlich geworden, etwas zu finden, das ihm bislang entgangen ist. Unmöglich ist es allerdings nicht.
Als vor vier Jahren der deutsche Entwicklungshelfer Stefan Ziemendorff einige Dörfer im peruanischen Dschungel an das Trinkwassernetz anschließen wollte, entdeckte er einen riesigen Wasserfall, der auf keiner Karte verzeichnet war. Er nannte ihn Gocta, nach dem Ort, der ihm am nächsten liegt, dessen Einwohner ihn aber nie aufsuchen. Sie glauben, dass von ihm ein böser Zauber ausgehe. Ziemendorff aber hielt sich an die Regel, der Entdecker, sei es aus Mut oder Unwissenheit, immer folgen: Man muss nur dahin gehen, wo sich alle anderen nicht hintrauen. Als er vor einigen Wochen mit Geografen zurückkehrte, vermaßen sie den Wasserfall und kamen auf 771 Meter. Damit stand fest, es ist der drittgrößte der Welt. Trotzdem war er übersehen worden.
Die Satelliten können zwar vom Weltall aus sogar Erdbeben erkennen, die auf der Erde nicht einmal messbar sind, einfach, indem sie geringste Bewegungen an den Rändern der Platten registrieren. Alles aber, was unter Dschungel, Wasser oder Eis verborgen ist, sehen sie nur schlecht oder gar nicht. Das Gebiet, für das dies gilt, der Urwald, die Polkappen und der Meeresboden, ist größer als man meint. Denn mehr als zwei Drittel der Erde sind allein von Wasser bedeckt. *(Marcus Jauer, Süddeutsche Zeitung Nr. 116, 20./21. Mai 2006)*

---

❶ *Alle Aussagen und Feinheiten des Textes kapiert? Okay, dann fragen wir mal kurz nach:*

① *Was ist für den Verfasser die besondere Eigenschaft von Entdeckungen?*

_____

② *Welchen Apparaten haben wir es zu verdanken, dass auf der Erde fast alles entdeckt wurde?*

_____

③ *Und welche Nationen haben dabei die Pionierarbeit geleistet?*

_____ *und* _____

④ *Was hat der deutsche Entwicklungshelfer Stefan Ziemendorff entdeckt, als er sich im peruanischen Dschungel um die Trinkwasserversorgung kümmerte?*

_____

⑤ *Was ist im letzten Absatz mit „Platten" gemeint?*

_____

⑥ *Was bleibt den künstlichen Späheraugen des Menschen verborgen?*

_____

❷ *Berufswunsch Entdecker? Na ja, dann sind die Aussichten – trotz des Hoffnungsschimmers, dass unter Dschungel, Eis und auf dem Meeresboden noch das eine oder andere unerkannt schlummern mag – ja offenbar einigermaßen trübe.*
Aber wir meinen, dass ihr euren Berufswunsch noch nicht aufstecken müsst und es noch genügend Bereiche gibt, in denen man Bahnbrechendes leisten könnte.
Was meint ihr: Auf welchen Gebieten bleibt noch Pionierarbeit zu leisten?

_____

_____

_____

❸ *Ja, da sind wir auch schon mitten drin in der Diskussion über Nutzen und Nachteil von Erfindungen und Entdeckungen aller Art. Versuchen wir, das Thema erst einmal sachlich anzugehen.*
Unten findest du die Lösungssätze von „Wer (er)fand was?".
Mach eine Bestandsaufnahme (mit Konditional).

a) Benjamin Franklin erfand den Blitzableiter.
   Beispiel:
   Wenn Benjamin Franklin nicht den Blitzableiter erfunden hätte,
   müssten wir bei jedem Gewitter fürchten, dass der Blitz ins Haus einschlägt.
b) Thomas Edison erfand die Glühbirne.
c) Amerika wurde von Kolumbus entdeckt.
d) James Watt erfand die Dampfmaschine.
e) Wilhelm Conrad Röntgen entdeckte die Röntgenstrahlen.
f) Die Chinesen entwickelten das Porzellan und das Papier, möglicherweise auch das Schießpulver.
g) Johannes Gutenberg erfand den Buchdruck mit beweglichen Lettern.
h) Bill Gates entwickelte erst das Betriebssystem MS-DOS, dann das heute weit verbreitete Windows.
i) Ferdinand Graf von Zeppelin erfand den Zeppelin.
j) Nikolaus Kopernikus fand heraus, dass die Planeten, auch die Erde, um die Sonne kreisen
   (im mittelalterlichen geozentrischen Weltbild sah man die Erde im Mittelpunkt des Universums).
k) Albert Einstein revolutionierte mit der Relativitätstheorie das Verständnis von Raum und Zeit.
l) Berthold Schwarz erfand das Schießpulver.
m) Michail Kalaschnikow entwickelte „die Kalaschnikow".
n) Flugpioniere waren die Gebrüder Wright.
o) Das Verfahren, Lebensmittel kurzzeitig zu erhitzen, um dadurch Keime abzutöten, heißt nach
   Louis Pasteur Pasteurisierung.
p) Rudolf Diesel entwickelte den Dieselmotor.
q) Isaac Newton entdeckte das Gravitationsgesetz.
r) Archimedes von Syrakus entdeckte das Prinzip des Auftriebs und fand heraus,
   wie sich das spezifische Gewicht bestimmen lässt.
s) Marie Curie erregte mit ihren Arbeiten über die Radioaktivität Aufsehen;
   sie erhielt 1903 den Nobelpreis für Physik, 1911 für Chemie.

Konditionalsätze sind Bedingungssätze: Wenn ..., dann ...

A. Hartmann/S. Klöver: „Die Geburtsstunde der Gummibärchen"
© Edition MoPäd

❹ *Partnerarbeit: Sortiert bitte anhand eurer Ergebnisse die Erfindungen und Entdeckungen in folgende Tabelle (ist es immer leicht, sie einzuordnen?):*

Für die Menschheit „gute", nützliche Erfindungen und Entdeckungen	Neutral oder schwer zu sagen – hängt vom Verwendungszweck ab	Für die Menschheit „schlechte", schädliche Erfindungen und Entdeckungen

❺ *Zukunftsmusik. Lass deine Gedanken mal in die Zukunft schweifen und entwickle eine Vision, wie die Erde im Jahre 3000 aussehen wird.*
Beschreibe deine Vision in den Zeitformen Futur I und Futur II:
Im Jahr 3000 werde ich 1008 Jahre alt sein. (Futur I)
Ich werde vor grauer Vorzeit zur Schule gegangen sein. (Futur II)

Städte
Bevölkerung
Verkehr
Technik
Musik
Ernährung
Medizin
Schule
Kleidung
Literatur
Wohnen
Kunst

4   Sprichwörtlich

Im Folgenden findest du einige Sprichwörter und Redensarten, die in der ein oder anderen Weise mit den Erfindungen, Entdeckungen und Entwicklungen zu tun haben, die wir euch vorgestellt haben. Leider hat der Wörterklau hässliche Lücken in die Sprüche gerissen und meist die wichtigsten Wörter mitgenommen.

❶ *Könnt ihr den Redensarten bitte wieder zu Vollständigkeit verhelfen?*

① Der dümmste Bauer hat die dicksten _____.

② Was der Bauer nicht kennt, _____ er nicht.

③ Der hat wohl nicht alle _____ im Schrank.

④ Das _____ des Kolumbus.

⑤ Der ist schwer auf _____.

⑥ _____ bringen Glück.

⑦ Wie ein Elefant im _____.

⑧ Da ging ihm ein _____ auf.

⑨ Der ist wohl schief _____.

⑩ Andere Länder, andere _____.

⑪ Der hat das _____ nicht erfunden.

⑫ Deine Uhr geht nach dem _____.

⑬ Dem muss ich mal auf den _____ fühlen.

⑭ Das blieb ihm ein Buch mit sieben _____.

⑮ Wer nichts _____, der nichts gewinnt!

(fr)isst   Ei
Draht/Zack   gewickelt
Kartoffeln   Licht
Mond   Porzellanladen
Pulver   Scherben
Siegeln   Sitten
Tassen   wagt
Zahn

A. Hartmann/S. Klöver: „Die Geburtsstunde der Gummibärchen"
© Edition MoPäd

5 Alles Neue wird alt: das Museum

Annas Puppe – museumsreif

Anna freut sich und ist traurig zugleich. Heute, am 10.10.1900, ist der Tag, auf den sie schon so lange ge-
wartet hat: ihr 10. Geburtstag. Auf dem Tisch steht eine Kerze und liegt ein eingewickeltes Päckchen. Annas
Lieblingstante Trude ist gekommen und hat ein paar Bonbons mitgebracht. Und Annas beste Freundin Heidi
hat versprochen, ihr ein neues Haarband zu schenken.

Kein Grund also, um traurig zu sein, oder? Doch schon, denn vor wenigen Tagen hat Annas Vater ihr eröffnet,
dass sie bald auswandern werden, auswandern müssen! Bis nach Amerika! Im letzten Jahr war der Vater lange
krank, er verdiente immer weniger, und plötzlich war es ganz aus: Ihm wurde gekündigt. Monatelang hockte
er da und grübelte und grübelte – bis ihn ein Brief seines Bruders erreichte, der schon vor fünf Jahren die Reise
über den „Großen Teich" angetreten hatte. „Die erste Zeit war ganz schön hart", schrieb er, „ich musste mich
mit Gelegenheitsarbeiten durchschlagen (die hier „Jobs" heißen), hatte wenig zu essen und hauste in einem
elenden Loch. Aber dann fand ich Arbeit als Aushilfskraft in einer Bäckerei und kann mir jetzt sogar ein eigenes
Zimmer leisten. Kommt doch auch, wenn euch das gute alte Schlesien zu eng wird!"

Wieder und wieder liest Annas Vater den Brief mit den fremdländi-
schen Briefmarken, bis ihm der Duft der Backwaren aus der fernen
Bäckerei fast schon in die Nase steigt. Bei Anna zu Hause geht es
in letzter Zeit karg zu: Die Mahlzeiten fallen dürftig und eintönig
aus (Kartoffeln und Kohl hängen Anna schon zum Hals raus). Und
wenn Annas Mutter nicht durch ihre Schneiderkünste ab und zu
etwas dazuverdienen könnte, würde der Hunger ganz schön im
Bauch rumoren. Auch die Schiffspassage auf dem großen Übersee-
dampfer hätten sie sich gar nicht leisten können, wenn nicht –
zum Glück – die gute Tante Trude eingesprungen wäre. „Wenn du
es dann vom Tellerwäscher zum Millionär gebracht hast", meinte
sie gutmütig lächelnd zu Annas Vater, als sie ihm die nötige
Summe aushändigte, „dann kannst du mir ja das Geld immer
noch zurückgeben".

„Willst du denn gar nicht dein Geschenk auspacken", unterbricht die Mutter Annas Grübeleien, die an nichts
anderes mehr denken kann als den Abschied von ihren Freundinnen und allem, was bisher ihr Leben ausmach-
te. Sogar von der Schule und der Lehrerin mag sie sich gar nicht trennen, obwohl sie sonst ... Anna schreckt
hoch und öffnet behutsam das eingewickelte Päckchen. Heraus kommt eine wunderschöne Puppe, die Annas
Mutter aus Stoffresten genäht hat. „Die ist ja toll!", ruft Anna, „die kommt aber auf jeden Fall mit nach Amerika!" „Na klar", schmunzelt die Mutter, „die wird dich begleiten".

---

❶ *100 Jahre später könnte Annas Puppe Ausstellungsstück in einem Museum sein.*
  Warum wohl? Was meinst du? Begründe deine Antwort kurz.
  – *Weil sie so alt ist?*
  – *Weil sie so kostbar ist?*
  – *Oder weil sie die Geschichte der deutschen Auswanderung nach Übersee*
    an einem Beispiel anschaulich macht?

❷ *Jetzt bist du gefragt: Wie kam Annas Puppe ins Museum?*
  Erzähl bitte Annas Geschichte und die ihrer Puppe weiter.

---

❸ *Schon wenige Wochen nach ihrer Ankunft in der „Neuen Welt" schreibt Anna ihrer Freundin Heidi einen langen Brief. Dabei gibt sie allerdings ein bisschen an und tut so, als hätte sie ihre Muttersprache bereits halb vergessen. Jedenfalls sind die Vorsilben in Annas Brief kräftig verdreht. Dreh sie bitte wieder richtig:*

New York, den 5. Januar 1901

Liebe Heidi,

die Unterfahrt war ganz schrecklich, ewig lang! Die reichen Leute wurden zwar gewöhnt und hatten

viel Platz, aber wir saßen da total verdrängt und wurden dauernd heruntergeschubst. Ach ja, und vor-

her war noch so eine Erregung, weil meine Mutter die Pässe zerlegt hatte. Wir haben sie überall

gesucht und dann stellte sich heraus, dass sie schon verpackt waren! Als wir endlich verkommen sind,

mussten wir durch die Kontrolle für Auswanderer: Da wurde alles gründlichst versucht; sogar meine

Puppe haben sie angetastet. Mein Onkel Bill (eigentlich heißt er ja Wilhelm, aber hier wird er Bill

benannt) hat uns zum Glück eingeholt. Fürs Erste sind wir bei ihm angekommen, aber es ist so eng bei

ihm, dass wir sobald wie möglich anziehen wollen. Gestern wollte ich draußen spielen und habe mich

sofort in dem Straßenwirrwarr geirrt. Ich hab mich völlig entlaufen. Als ich endlich zu Onkel Bills Haus

zurückfand, hat meine Mutter mich ziemlich verschimpft. Hier ist alles anders als zu Hause, aber das

verschreibe ich das nächste Mal. Ich zermisse dich sehr!

Deine Anna

❹ *Heidi freut sich sehr, als sie Post aus Amerika bekommt, aber die Antwort fällt ihr schwer – nicht, weil sie nichts zu erzählen hätte, sondern weil sie immer mit der Rechtschreibung kämpft. Obwohl sie sich Mühe gibt, haben sich doch etliche Fehler verschiedenster Art in ihren Brief eingeschlichen. Findest du sie?*

Liebe Anna,

vilen Dank für deinen Brief! Das ist das erste Mahl das ich Post aus dem Ausland bekomen habe, und

dann Gleich von so weit hehr. Ohne dich ist es ziehmlich langweilig, in der schule und auch am

Nachmitag. Neulich habe ich deine Tante gesehn als sie über die Hauptstrasse ging – wir haben uns

dann ein bischen unterhalten aber sie vermißt euch auch so. Die letsten Arbeiten in deutsch waren lei-

der eine Katastrofe weil du nicht wie sonst immer mit mir Üben kontest. Das Ergebniß schreib ich dir

vielleicht besser Garnicht. Aber im rechnen war ich gut. Wie get es dir mit der neuen Sprahche. Der

hans aus der paralelklasse ärgert mich jetzt immer. Schade das du mir nich gegen ihn helfen kannst.

Bin gespant auf deinen nechsten Bericht.

deine Freundin Heidi

❺ *Annas Puppe ist also glücklich im Museum gelandet. Was gelangt sonst ins Museum (deine alten Spielsachen ja wohl eher nicht)? Bitte schreibe auf, ...:*

① *... aus welchen Gründen ein Gegenstand wohl Aufnahme ins Museum findet. (Tipp: Einige Argumente wurden oben schon genannt):*

② *... welche Arten von Museen (Gemäldegalerie, Heimatkundemuseum usw.) du kennst und vielleicht schon besucht hast:*

❻ *Heute ist Museumstag! Plant einen Ausflug in das Museum an eurem Heimatort (oder in der Nachbarstadt). Vielleicht gibt es auch mehrere Museen und ihr müsst vorher mit eurer Lehrerin oder eurem Lehrer diskutieren, welches ihr besucht. Aber ihr sollt nicht einfach darin rumlaufen, sondern einen Mitarbeiter (vorher anmelden!) befragen:*

① *Wann wurde das Museum gegründet?*

② *Wie heißt es? Nach wem wurde es benannt? Welche Gründe gab es dafür?*

③ *Wie viele Ausstellungsstücke hat das Museum? Werden alle gezeigt, oder liegen noch viele Stücke im Keller?*

④ *Wie viele Besucher hat das Museum im Jahr?*

⑤ *Gibt es Sonderausstellungen oder andere Ideen, um das Publikum zu interessieren?*

⑥ *Was ist dein Eindruck von dem Museum? Würdest du es weiterempfehlen? Wenn ja oder nein, aus welchen Gründen?*

Wusstest du übrigens schon, dass es in Bremerhaven seit August 2005 ein Deutsches Auswandererhaus gibt, das die verschiedenen Auswanderungswellen von Deutschen vor allem in die USA anschaulich macht? In dem Erlebnismuseum (das diese Bezeichnung wirklich verdient!) kann man u.a. eine Schiffskabine 3. Klasse von 1854 und von 1929 betrachten und sich überlegen, wie man sich dort und damals wohl gefühlt hätte.

Lösungen

I. Aller Anfang ist schwer

1 Wer ist wer?

Es bieten sich folgende Zuordnungen an:
A = Entdecker, Eroberer, Pionier
B = Erfinder, Tüftler
C = Ingenieur, Produktentwickler, Techniker
D = Unternehmer, Fabrikant
E = Wissenschaftler, Forscher

2 Wer (er)fand was?

a) Benjamin Franklin erfand den *Blitzableiter*.
b) Thomas Edison erfand die *Glühbirne*.
c) Amerika wurde von *Christoph Kolumbus* entdeckt.
d) James Watt erfand die *Dampfmaschine*.
e) *Wilhelm Conrad Röntgen* entdeckte die Röntgenstrahlen.
f) Die Chinesen entwickelten das *Porzellan* und das *Papier*, möglicherweise auch das *Schießpulver*.
g) *Johannes Gutenberg* erfand den Buchdruck mit beweglichen Lettern.
h) *Bill Gates* entwickelte erst das Betriebssystem MS-DOS, dann das heute weit verbreitete *Windows*.
i) *Ferdinand Graf von Zeppelin* erfand den Zeppelin.
j) *Nikolaus Kopernikus* fand heraus, dass die Planeten, auch die Erde, um die Sonne kreisen (im mittelalterlichen geozentrischen Weltbild sah man die Erde im Mittelpunkt des Universums).
k) Albert Einstein revolutionierte mit der *Relativitätstheorie* das Verständnis von Raum und Zeit.
l) Berthold Schwarz erfand das *Schießpulver*.
m) *Michail Kalaschnikow* entwickelte „die Kalaschnikow".
n) Flugpioniere waren die Gebrüder *Wright*.
o) Das Verfahren, Lebensmittel kurzzeitig zu erhitzen, um dadurch Keime abzutöten, heißt nach Louis Pasteur *Pasteurisierung*.
p) *Rudolf Diesel* entwickelte den *Dieselmotor*.
q) Isaac Newton entdeckte das *Gravitationsgesetz*.
r) *Archimedes von Syrakus* entdeckte das Prinzip des Auftriebs und fand heraus, wie sich das spezifische Gewicht bestimmen lässt.
s) *Marie Curie* erregte mit ihren Arbeiten über die Radioaktivität Aufsehen; sie erhielt 1903 den *Nobelpreis* für Physik, 1911 für Chemie.

3 Vom Geistesblitz zum Verkaufsschlager

❶ *individuelle Lösungen*

❷ *individuelle Lösungen*

❸ Die Nobelpreisfrage: Der Nobelpreis hat seinen Namen von dem schwedischen Erfinder und Industriellen Alfred Nobel. Er hatte in seinem Testament die jährliche Auszeichnung von um das Wohl der Menschheit besonders verdienten Wissenschaftlern verfügt, und zwar aus den Bereichen Physik, Chemie, Physiologie oder Medizin, Literatur und Friedensbemühungen. Die Nobel-Stiftung wurde 1900, vier Jahre nach dem Tod Alfred Nobels, gegründet, die ersten Preise 1901 verliehen. Der Nobelpreis gilt als die höchste Auszeichnung in der wissenschaftlichen Welt.

4 Genie oder Trottel?

❶ Die hohe, vielfach einseitige Konzentration auf bestimmte intellektuelle Bereiche und Probleme mindert wohl tatsächlich die „Alltagstauglichkeit" vieler Wissenschaftler, da Fragen des Alltags sie schlicht nicht interessieren.

❷ Hier kommen die Witze wieder zu ihren Satzzeichen:
a) Der zerstreute Professor stellt sich der Klasse vor: „Habe drei Töchter, alle Mädchen!"
b) Der Student trifft seinen Professor und fragt: „Herr Professor, darf ich Ihnen meine Frau vorstellen?" „Danke", sagt der zerstreute Professor: „Ich habe selber eine".
c) Die Zimmerwirtin macht den zerstreuten Professor darauf aufmerksam, dass er einen roten und einen gelben Strumpf trägt. Der Professor: „Und soll ich Ihnen etwas ganz Unglaubliches erzählen? Zu Hause habe ich noch so ein Paar!"
d) Der zerstreute Professor erkennt seine Besucherin nicht. Sie will ihm auf die Sprünge helfen: „Ich bin die Studentin, die Sie einmal heiraten wollten!" „Interessant. Und, habe ich es getan?"
e) Der zerstreute Professor steigt in einen überfüllten Bus. Sofort steht ein kleiner Junge auf und bietet ihm seinen Platz an. „Das ist aber nett, mein Kleiner!", freut sich der Professor. „Wie heißt du denn?" „Klaus, Papa!"

❸–❺ *individuelle Lösungen*

A. Hartmann/S. Klöver: „Die Geburtsstunde der Gummibärchen"
© Edition MoPäd

II Erfindungen und Entdeckungen

1 Er fand, was er nicht suchte: Kolumbus entdeckt Amerika

❶ Korrekt vervollständigt könnte der Text beispielsweise folgendermaßen lauten (in einer Reihe von Fällen sind Varianten möglich):

Es war eine langweilige Aufgabe, unentwegt aufs Wasser zu starren. Doch plötzlich schreckte der Matrose, der verfroren im Mastkorb der Karavelle *Pinta* Ausschau hielt, aus seinen missmutigen Grübeleien hoch.
Weit im Westen erspähte er eine weiße Linie, den Saum einer Küste. „Land in Sicht!" rief der Matrose.
Die ganze Besatzung lief an Deck zusammen – nur Kolumbus war nicht dabei: Er fuhr nämlich auf einem anderen Schiff, der *Santa Maria*, doch als Befehlshaber der kleinen Flotte kommt ihm bis heute der Ruhm und der entsprechende Platz in den Geschichtsbüchern zu, das unbekannte Land entdeckt zu haben.
Drei Monate zuvor war er von einem spanischen Hafen aus in See gestochen, um auf einer neuen Route nach Hinterindien zu gelangen, aber bei dem Küstenstreifen, dessen Anblick der unbekannte Matrose am Morgen des 12. Oktober 1492 meldete, handelte es sich nicht um Indien, sondern AMERIKA, genauer um die Insel San Salvador. Kolumbus hatte sich also grandios vertan!
Dabei war Kolumbus keineswegs der erste Reisende, der nach Amerika kam. Jene Menschen, die man bis heute – dem Irrtum des Kolumbus folgend – Indianer nennt, hatten bereits 10.000 Jahre vor ihm den Kontinent besiedelt. Und sogar Europäer, nämlich Wikinger, hatten schon im Jahre 992 in Neufundland eine Siedlung gegründet …
Die Bedeutung des Kolumbus ist also lange überschätzt worden; auch sind inzwischen Zweifel aufgekommen, ob er ein wahrer Entdecker war, den nur die Neugier trieb, oder ob ihn nicht eher ganz andere, selbstsüchtige Motive bewegten. Die ihm auf seinen Spuren folgten, suchten jedenfalls nicht mehr das Neue, sondern sie waren gierig nach Gold, Macht und Reichtum. Mit Hernán Cortés, Francisco Pizzaro und Hernando de Soto begann die Geschichte der gewaltsamen Eroberung Amerikas. Aber das ist bereits ein neues Kapitel …

❷ *individuelle Lösungen*

❸ Das Wortpuzzle lautet zusammengesetzt:

Eroberungsdrang – Zerstörungswut – Besitzgier – Machthunger – Beutezug – Goldrausch – Wissensdurst – Entdeckungsfieber – Lerneifer – Größenwahn

Das Wort „Zug" fällt aus der Reihe. Alle anderen Begriffe der rechten Spalte bezeichnen Zustände des „Appetits" (Hunger, Gier, Durst), eines intensiven Strebens (Eifer, Drang) oder eines übersteigerten Bewusstseinszustands (Rausch, Fieber, Wut, Wahn).

❹ *individuelle Lösungen*

2 Geheimnisvoll und zerbrechlich: das Porzellan

Das **Herstellungsverfahren für Porzellan** wurde in Europa durch Ehrenfried Walther von Tschirnhaus Anfang Oktober **1708** in Dresden / Meißen ein zweites Mal entdeckt und nach dessen Tod von Johann Friedrich Böttger dort weiterentwickelt. Am 28. März 1709 vermeldete er in Dresden die Erfindung des europäischen Porzellans.
Die über 1000 Jahre alte sächsische Stadt **Meißen** (30.000 Einwohner) liegt ca. 25 km von Dresden entfernt im Elbtal. Schon 1710 wurde hier die „Königlich-Polnische und Kurfürstlich-Sächsische Porzellanmanufaktur" gegründet, die das weltweit erste Hartporzellan herstellte.
Eine **Manufaktur** *(lat. manus – Hand, lat. factura – das Machen, die Herstellung)* ist ein vorindustrieller Gewerbebetrieb. Produziert wird nach dem Prinzip der Arbeitsteilung, aber auf handwerklicher Grundlage.

❶ Porzellan besteht a) aus einer Tonsubstanz, Feldspat und Quarz, die b) bei sehr hohen Temperaturen mehrfach gebrannt werden. Besonderes Kennzeichen des Porzellans ist seine große Härte. Es ist säure- und laugenbeständig.

❷ Das Wort „Porzellan" kommt aus dem Italienischen. Dort nannte man die aus China bekannte feine weiße Keramik „Porcellan", weil man glaubte, sie werde aus der gemahlenen, hellglänzenden Muschel namens „Porcellana" hergestellt.

❸ *individuelle Lösungen*

❹ *individuelle Lösungen*

3 Vulkanisation: von Gummistiefeln und Autorennen

❶ Das Wort GUMMI findet sich z. B. in:
Gummiball, Gummiband, Gummitwist, Gummistiefel (Achtung: heute zumeist aus Plastik!), Gummihandschuhe, Gummireifen, Gummihose, Gummibärchen (Achtung: nicht aus Kautschuk, vgl. Kapitel III), Gummibaum, Gummiknüppel, Gummiband, Gummidichtung, Gummischürze, Gummizelle, Gummizug, Gummitier, Radiergummi.
Nicht alle erwähnten Gegenstände sind aus Naturkautschuk, da dieser z. B. anfällig gegenüber Sonnenlicht und Fett ist.

❷ ① *Ruinen* sind *die Reste von einem zerstörten Bauwerk.*
② *Brasilien* heißt ein *Land in Südamerika.*
③ *Monopol* bedeutet, *wenn man das Recht hat, eine Ware ganz allein, d.h. ohne Konkurrenz, zu verkaufen.*
④ *Briten* nennt man *die Bewohner Großbritanniens.*
⑤ Als *Plantagen* bezeichnet man *große landwirtschaftliche Betriebe in warmen Ländern.*
⑥ *Malaysia* ist ein *Staat in Südostasien.*
⑦ Unter *Produzenten* versteht man die *Hersteller von etwas.*
⑧ *Schwefel* ist ein *gelber Stoff, den man z.B. für die Gummiproduktion braucht.*

❸ *individuelle Lösungen*

❹ Lösung: So ist es!

❺ Meilensteine in der Geschichte des Gummis
1492 Kolumbus
1745 La Condamine
1770 Radiergummi
1820 Nadier, Gummiband
1824 MacIntosh (Bis heute hat sich der Eigenname im Englischen als Bezeichnung für Regenmäntel erhalten.)
1839 Vulkanisationsverfahren erfunden
1844 Vulkanisation patentiert
1847 Erster Kinderluftballon
1848/1867 Erste Fahrzeugbereifung
1878 Tennisbälle
1888 Fahrradschlauch

4   Das starke Nichts: Herr von Guericke und sein Vakuum

❶ Der 1. Versuch wäre auf dem Biografie-Pfeil zwischen 1 und 2 einzuordnen (also blau-violett), der 2. Versuch zwischen 4 und 5 (also leicht violett-rot).

❷ *individuelle Lösungen*

❸ Der 2. Versuch von Otto von Guerickes Kurzbiografie unterscheidet sich vom 1. Versuch vor allem aufgrund folgender Merkmale: Im Gegensatz zum 1. Text, der sachlich informiert und die wesentlichen Daten nennt, ist der 2. Text erlebnisbetont und verzichtet auf konkrete Daten; er arbeitet mit schmückenden, wertenden Adjektiven und direkter Rede.
Die spätere Forschungsleistung wird mit Aussehen, Charakter und Verhalten in der Kindheit in einen direkten Zusammenhang gebracht (Intelligenz: helle, wache Augen; sympathisch: geht allem Streit aus dem Weg, ausgeglichenes Wesen; Wissensdurst; Hartnäckigkeit und Unbeirrbarkeit).

❹ *individuelle Antworten*

❺ a) Ja: Luft kann man zusammenpressen. Wenn das Volumen kleiner wird, wird der Druck größer und umgekehrt.
b) Ja: Luft ist da, aber (nahezu) unsichtbar. Wir nehmen sie kaum wahr.
c) Nein: Man kann das Gewicht der Luft messen. 1 Liter Luft hat eine Masse von 1,29 Gramm.
d) Ja: Luft ist ein Gas.
e) Ja: Einen Luftballon, der in einer Flasche steckt, kann man nicht aufblasen, da in der Flasche bereits Luft ist.
f) Ja: Wenn man einen Luftballon über einen Flaschenhals stülpt und die Flasche in einen Behälter mit warmem Wasser stellt, bläst sich der Luftballon auf, da die erwärmte Luft aufsteigt.
g) Nein: Je höher man auf einen Berg klettert, desto dünner wird die Luft.
h) Nein: Luft ist wasserlöslich und somit im Wasser enthalten.
i) Ja: Die Lungen filtern den Sauerstoff aus der Luft und geben Kohlenstoffdioxid wieder ab.
j) Nein: Bei einem Vakuum wurde alle Luft entfernt.
k) Nein: Mit einem Barometer misst man den Luftdruck.
l) Nein: Erfunden hat das Barometer Otto von Guericke.
m) Nein: 16 Pferde reichen nicht, um zwei große, durch den Luftdruck zusammengepresste Halbkugeln auseinanderzuzerren.

5   Google, die große Suchmaschine

❶ Der Praxistest: Suchaufgaben

① 3.330.00 Einträge
② 979.000 Einträge
③ 56.500 Einträge
④ 253.000 Einträge

Die Anzahl der Einträge kann sich von Tag zu Tag ändern, da immer neue Seiten entstehen, aber auch Seiten gelöscht werden.

A. Hartmann/S. Klöver: „Die Geburtsstunde der Gummibärchen"
© Edition MoPäd

⑤ 781.000 Einträge
⑥ 1.530.000 Einträge
⑦ 27.500 Einträge
⑧ Keine Antwort, weil auf keiner der Internetseiten genau diese Wortkombinationen enthalten ist.

❷ A Ein **Aal**weibchen kann bis zu 150 cm lang werden (die Männchen erreichen nur 60 cm).
 B Es gibt sechs „**Brandenburgische Konzerte**"; sie stammen von Johann Sebastian **Bach**.
 C Die **Cheops-Pyramide** war ursprünglich etwa 147 m hoch.
 D Das **Deutsche Auswandererhaus** ist im August von Sonntag bis Freitag von 10–18 Uhr, am Samstag von 10–19 Uhr geöffnet.
 E Die **Eskimos** bezeichnen sich selbst als Inuit.
 F Die **Fruchtfliege** wird umgangssprachlich so genannt, weil sie eine Vorliebe für faulende Früchte hat.
 G **Guyana** ist eine Republik in Südamerika, **Guano** ist ein aus Exkrementen von Seevögeln bestehender organischer Dünger.
 H **Hurrikan Katrina** zog im August 2005 im Südosten der USA eine Spur der Verwüstung.
 I Der Winterschlaf der **Igel** ist nicht zeit-, sondern temperaturabhängig. Ab einer Temperatur von ca. 6° Grad Minus gehen die Igel in den Winterschlaf.
 J Die **Jurte** ist die transportable Behausung der Nomaden in der Mongolei.
 K Die **Krätze** wird durch Krätzmilben verursacht.
 L Ja, zum Basteln von **Laternen** gibt es gleich mehrere Anleitungen im Internet.
 M Die Stadt **Meißen** wurde vor allem durch ihr Porzellan so berühmt.
 N Der **Nöck**, ein hässlicher alter Wassergeist, ist das männliche Gegenstück zur Nixe.
 O In der norwegischen Hauptstadt **Oslo** wohnen etwa 1 Million Einwohner.
 P **Pirmasens** liegt im Bundesland Rheinland-Pfalz.
 Q **Querulant** kommt aus dem Lateinischen (von querulus – „gern klagend") und bezeichnet einen Menschen, der sich ständig beschwert und starrköpfig auf sein Recht pocht.
 R Das Internet bietet gleich mehrere **Rezepte** für einen Kichererbseneintopf an.
 S **Daniel Gottlieb Moritz Schreber**, nach dem der Schrebergarten benannt ist, lebte von 1808–1861.
 T Die internationale **Telefonvorwahl** von **Timbuktu** ist 00223.
 U **Unterprima** bezeichnet die vorletzte Klasse des Gymnasiums.
 V **Volapük** ist eine im 19. Jahrhundert geschaffene Welthilfssprache.
 W **Wischnu** (oder Vishnu) ist einer der Hauptgötter des Hinduismus.
 X **Xanthippe** war die (als zanksüchtig geschilderte) Ehefrau des Philosophen Sokrates.
 Y Das **Ypsilon** war der zwanzigste Buchstabe des griechischen Alphabets.
 Z „**Zwerg Nase**" ist der Titel eines Märchens von Wilhelm Hauff.

❸ *individuelle Lösungen*

III Schau, was kommt von draußen rein: Importe

1 Die Kartoffel, ein Karrieretyp

❶ *individuelle Lösungen*

❷ ① Die Anden befinden sich in Südamerika und sind die längste Gebirgskette der Welt.
 ② Nachtschattengewächse sind eine Familie der Röhrenblütler. Das in Nachtschattengewächsen enthaltene Solanin kann zu Vergiftungen führen.
 Zu den Nachtschattengewächsen gehören auch Tomate, Aubergine, Tollkirsche, Stechapfel, Paprika und Tabak.
 ③ Eine Kolonie – (von lat. colere, „bebauen" im Sinn von „Land bestellen") ist ein auswärtiges Gebiet, das politisch und wirtschaftlich vom Mutterland abhängig ist.
 ④ Als Vorreiter bezeichnet man jemanden, der sich etwas Neues ausdenkt und dann umsetzt.
 ⑤ Mit „Kontinent" ist hier das europäische Festland gemeint.
 ⑥ Friedrich der Große lebte von 1712 bis 1786.
 Den Beinamen „der Große" verlieh man ihm wegen seines strategisch-militärischen Geschicks (vor allem im Siebenjährigen Krieg), nicht wegen seiner Körpergröße.
 Bekannt wurde er auch unter seinem Spitznamen „der alte Fritz".
 ⑦ Preußen war bis 1945 der größte Einzelstaat des Deutschen Reiches; Preußen erstreckte sich von den deutschen Mittelgebirgen bis zur Nord- und Ostsee.

❸ Kartoffel-Steckbrief:
 Name: *Kartoffel, lateinisch: Solanum tuberosum*
 Heimat: *ursprünglich Südamerika / Andengebirge*
 Gewicht: *von 60 g bis 120 g (durchschnittlich)*
 Farbe: *braun (junge Exemplare oft gelblich).*
 Es gibt auch Sorten mit blauer, weißer oder roter Schale.
 Länge: *von 12 cm bis 18 cm (durchschnittlich)*

Familie:	*Nachtschattengewächse (wie Tomate, Aubergine, Paprika, Tabak)*
Erster Auslandsaufenthalt in:	*Irland*
Ihr wichtigster Fan in Europa war:	*Friedrich der Große (1712–1786)*
Am liebsten lässt sie sich zu	*Chips, Pommes Frites, Salzkartoffeln* verarbeiten.
Was sonst noch über sie zu sagen ist:	*Sie ist genügsam, braucht keinen guten Boden.*
	Sie ist frostempfindlich und darf daher im Winter nicht zu kalt gelagert werden.
	Bekannte Sorten sind: Hansa, Saskia, Sieglinde, Bintje, Cilena, Nicola u.a.

❹ Die kreativen Kartoffelkisten

☐ Kartoffel alias …
Regionale und internationale Varianten für den Begriff „Kartoffel" sind z.B.:
Arber, Ärpel, Bramburi (im Norden Niederösterreichs), Grübling, Knulle (im Süden von Brandenburg), Krumbiir, Krumbeer, Grumbiere (Rheinland-Pfalz und Saarland), Grombiera (Schwaben) oder Erdapfel, Erpfel. Ferner: potato (engl.), pomme de terre (frz.), kartoschka (**Картошка** = russisch).

☐ Kartoffelsorten
Sortennamen sind z.B. Hansa, Saskia, Sieglinde, Bintje, Cilena, Nicola, Bamberger Hörnchen, Marabel, Linda, Grata, Clivia, Tizia, Solara.

☐ *individuelle Lösungen*

☐ Rätsel
Die Rede ist von *Kartoffelchips.*

☐ „Abschiedsworte an Pellka"
Das Gedicht von Joachim Ringelnatz beschreibt den Moment, kurz bevor eine Pellkartoffel zerdrückt und mit anderen Zutaten kombiniert wird. „Die Abschiedsworte an Pellka" beziehen ihre Komik aus der Vermenschlichung der Kartoffel, der konkreten Anrede und dem hohen, pathetischen Ton, mit dem der banale Vorgang beschrieben wird.

☐ Kartoffeldruck
Die Arbeitsschritte:
① Halbiere die Kartoffeln.
② Male mit Bleistift …
③ Schneide mit dem Messer …
④ Tupfe den Kartoffelstempel …
⑤ Nun kannst du die Farbe auftragen …
⑥ Bevor du loslegst …

☐/☐ Die 13 Begriffe des Silbenrätsels gehören in folgender Reihe in den Lückentext:
① **G**ratin
② Pellka**r**toffeln
③ Kartoffelp**u**eree
④ Salzkartoffel**n**
⑤ Knoe**d**el
⑥ **B**ratkartoffeln
⑦ Pommes F**r**ites
⑧ K**r**oketten
⑨ **Gn**occhi
⑩ Kartoffelsupp**e**
⑪ Reibekuche**n**
⑫ Kartoffelchips
⑬ Kartoffelsalat

Das Lösungswort lautet: Grundbirnen.

2 Wolly und weitere Weltenbummler

❶ Der Text berichtet über tierische Invasoren aus fremden Ländern, die teils unbeabsichtigt eingeschleppt wurden (so der Laich der Wollhandkrabbe), teils vom Menschen importiert wurden (vgl. die Wildkaninchen) und/oder sich in der neuen Heimat selbstständig machten (Waschbären, Mandarinente). Weiter ist von den Veränderungen der heimischen Fauna und des Ökosystems die Rede, die durch diese Eindringlinge verursacht wurden.

❷ Aal, Wollhandkrabbe, Wildkaninchen, Waschbär, Mandarinente

❸ Lösungswort: Import

A. Hartmann/S. Klöver: „Die Geburtsstunde der Gummibärchen"
© Edition MoPäd

❹ Lückentext:
① Konkurrenten
② Pioniere
③ Havel
④ Reusen
⑤ Wermutstropfen
⑥ Containerschiffe
⑦ Invasion
⑧ Laich
⑨ negativ
⑩ Ökosystem
⑪ Kolonialismus
⑫ globalisierten Welt
⑬ Yangtsekiang
⑭ Ballast

3 Römers Radieschen und fliegende Früchte

❶/❷ In Mitteleuropa heimisch sind: Apfel, Birne, Brombeere, Erbse, Erdbeere, Heidelbeere, Himbeere, Johannisbeere, Kirsche, Pflaume, Rotkohl, Rote Beete, weiße Rübe, Sanddorn, Sellerie, Stachelbeere, Weißkohl.
Die Römer brachten im 1. Jahrtausend noch Aprikosen, Grünkohl, Gurke, Knoblauch, Kopfsalat, Lauch, Möhre, Pfirsich, Radieschen, Spargel, Weintrauben und Zwiebeln mit.
Alle anderen Früchte aus der Kiste waren somit vor 1000 Jahren unbekannt.
Achtung: Die Obst- und Gemüsesorten unterscheiden sich durch jahrhundertelange Züchtungen stark von ihren Vorfahren!

4 ALDIs Ahnen: von Pfeffersäcken und Seefahrern

❶ Lückentext:
Globus, Salz, Römer, Porzellan, Seidenstraße, Apfelsine, Venedig, Hanse, Seehandel, Seeräuber, Pfeffersäcke, Sultans, Tulpenzwiebeln, Welthandel, Handelsnationen, Atlantik, Sklaven, Plantagen, Matrosen, Nahrung, Kriege, Kaffeebohnen, Züchter, Fasan, Gewächshäuser, Klima

❷ Lebensmittel-Detektiv:
a) *individuelle Lösungen, hier dennoch Lösungsangebote*
Die Dose mit *Ananas* kommt aus *China.*
Die *Mango* stammt aus *Brasilien.*
Lychees wachsen in *Thailand.*
Die Büchse mit *Tunfisch* wurde in *Japan* hergestellt.
Das Glas mit *Mandarinen* kommt aus *Israel.*
Die Büchse mit *Bambussprossen* wurde in *Taiwan* hergestellt.

b) *individuelle Lösungen*

c) *individuelle Lösungen*

Zusatzaufgabe: *individuelle Lösungen*

❸ Achtgeben muss man in der ersten Strophe bei *dies / Kandis.*

❹ Verwandte der Zitrone sind z.B. Pampelmuse, Grapefruit, Mandarine, Orange, Clementine, Limetten.

❺ Die Gemeinsamkeiten sind der säuerliche Geschmack, Frostempfindlichkeit, die Blattform, die Tatsache, dass sie gleichzeitig blühen und fruchten.

5 Meerschwein und Müller: die Welt der Namen

❶–❸ *individuelle Lösungen*

❹ Namenskiste

Berufe	Eigenschaften
Schneider, Meier, Schulz, Färber, Töpfer, Berger, Seiler, Steinbrecher, Bauer, Vogelsänger, Krämer, Fischer, Weber, Wagner	Jung, Rotkopf, Kühn, Grämlich, Bleich, Braun, Pingel, Pfeiffer, Lustig, Schwarz, Braun, Fromm
Herkunft	Sohn von ...
Freiberger, Bremer, Römer, Böhm, Merseburger, Holländer	Jakobsen, Claasen, Philippsen, Sörensen, Janssen, Friedrich

❺ *individuelle Lösungen*

6 *Erzählungen aus Tausendundeiner Nacht* und die 1002. Nacht

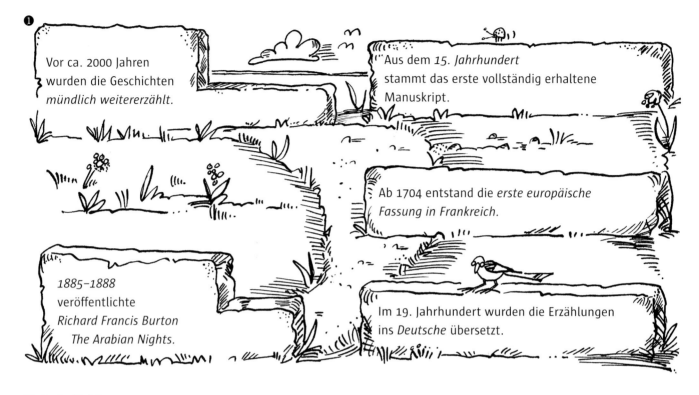

❶

Vor ca. 2000 Jahren wurden die Geschichten *mündlich weitererzählt.*

Aus dem 15. Jahrhundert stammt das erste vollständig erhaltene Manuskript.

Ab 1704 entstand die *erste europäische Fassung in Frankreich.*

1885–1888 veröffentlichte *Richard Francis Burton The Arabian Nights.*

Im 19. Jahrhundert wurden die Erzählungen ins *Deutsche* übersetzt.

❷ In der Einleitung:

Version	= eine (von mehreren möglichen) Fassungen eines Textes oder einer Geschichte
Manuskript	= Handschrift

In Burtons Biografie:

Konsul	= Handlungsbevollmächtigter eines Staates im Ausland
Orientalist	= auf die orientalischen Sprachen und Kulturen spezialisierter Wissenschaftler
Autor	= Verfasser
polyglott	= jemand, der mehrere/viele Sprachen beherrscht
Examen	= Prüfung (besonders zum Studienabschluss)
Ostindien-Company	= Handelsgesellschaft, die in Asien Tee, Seide, Gewürze u.a. kaufte und in Europa vertrieb
undercover	= verdeckt, die wahre Identität nicht zu erkennen gebend
exzentrisch	= sonderbar, überspannt, vom Üblichen abweichend
Hadsch	= Wallfahrt nach Mekka zur Kaaba, die jeder Mohammedaner wenigstens einmal im Leben unternehmen soll
Botaniker	= Pflanzenkundler
Mormonen	= (nach dem Buch Mormon genannte) nordamerikanische Sekte
aristokratisch	= der adeligen Oberschicht angehörend
unkonventionell	= nicht den Konventionen, den üblichen Handlungsstandards entsprechend
Karriere	= Laufbahn, erfolgreicher beruflicher Aufstieg
Ethnologe	= Völkerkundler
Beduinenzelt	= Zelt arabischer Wüstenbewohner

❸ *individuelle Lösungen*

❹ Steckbrief

Name: *Burton* Vorname: *Richard Francis*
Geboren am: *19. März 1821* in: *nahe Elstree, Hertfortshire*
Gestorben am: *20. Oktober 1890* in: *Triest*
Begraben in: *London*
Berufe: *Konsul, Forscher, Entdecker, Orientalist, Autor, Übersetzer, Schwertkämpfer, Abenteurer*
Reisen:
– als Kind durch Europa
– mit 21 Jahren nach Indien (für die Ostindien-Company)
– mit 29 Jahren nach Frankreich

A. Hartmann/S. Klöver: „Die Geburtsstunde der Gummibärchen"
© Edition MoPäd

– nach Mekka
– in die verbotene Stadt Harar in Somalia
– als Soldat auf die Krim
– 1857 nach Afrika (Besteigung des Kamerunbergs)
– 1860 nach Amerika (Utah)
Als britischer Konsul nach
– Fernando Poo (spanische Insel vor der westafrikanischen Küste)
– Sontos (Brasilien)
– Damaskus
– Triest

❺ Lösungswort: Safran

❻ *individuelle Lösungen*

IV Am Anfang war der Teig: Spaghetti und andere köstliche Küchenschöpfungen

1 Spaghetti, die Mutter aller Nudeln

Lückentext:
Legende, Forscher, Ausgrabungen, Hartweizen, griechische, Sonne, Kontinent, Nudelfabrik, Journalisten, Anwachsen, Suchmaschine, Anhänger

2 Unser liebstes Haustier: der Gummibär

❶ Fehlende Reimwörter: Gebrumm, Schleifen, Loch, spricht, Tüte

❷ Lösungswort: Himbeeren (neben schwarzen Johannisbeeren Farbstofflieferant für rote Bären)

❸ Arbeitsschritte: So macht man Gummibärchen
① Ein Backblech wird fingerdick mit Speisestärke bedeckt.
② Die Gelatine in 25 ml kaltes Wasser einrühren und 15 Minuten quellen lassen.
③ Die Gelatine dann im Wasserbad auflösen.
④ Den Zucker und die Zitronensäure ebenfalls in 10 ml Wasser auflösen.
⑤ Den Honig und die Zucker-Wasser-Mischung zur Gelatine geben. Gut rühren!
⑥ Nun eine Sorte Fruchtsirup einrühren.
⑦ Die fertige Mischung etwas stehen lassen, bis sie klar wird.
⑧ Das gekaufte Fruchtgummi auf eine Nadel pieken und damit vorsichtig und in regelmäßigen Abständen Vertiefungen in die Stärke auf dem Blech drücken.
⑨ Die Gussformen mithilfe eines Trichters vorsichtig bis zum Rand mit der Mischung füllen.
⑩ Zum Trocknen stehen lassen. Das kann 3–5 Stunden dauern.
⑪ Die fertigen Gummis aus ihrem Stärkebett holen, wenn nötig, überschüssige Stärke (z.B. mit einem Pinsel) entfernen.

3 Klebrige Kultkugeln: Kaugummi und Bubblegum

❶ *individuelle Lösungen*

❷ Die richtige Reihenfolge ist: CHEWING (Die Base …) G(Eine Maschine …)UM! = Chewing gum!

❸ *individuelle Lösungen*

❹ Britische Inseln: gemeint sind England (einschließlich Schottland und Wales) und Nordirland sowie die dazugehörigen Inseln
London: britische Hauptstadt
Cardiff: Hafenstadt an der Westküste Englands
Liverpool: englische Hafenstadt, Heimat der Beatles
Edinburgh: schottische Stadt
Dublin: Hauptstadt der Republik Irland
Belfast: Hauptstadt des zu Großbritannien gehörenden Nordirland
Skalpell: chirurgisches, sehr scharfes Schneidwerkzeug
Stickstoff: Gas

❺ Stimmt das? ① Nein; ② Nein; ③ Ja; ④ Ja; ⑤ Nein; ⑥ Nein.

❻ *individuelle Lösungen*

❼ Lückentext: *Archäologen, Finnisch, Rekord, Tonnen, Kaugummifabrik, Markt, Internet*

4 Zoff für die Zähne, Stoff für die Stimmung: Zucker und Schokolade

❶ *individuelle Lösungen*

❷ *individuelle Lösungen*

❸ ① Melanesien liegt im *Pazifischen Ozean nordöstlich von Australien.*
② Der Pazifische Ozean liegt zwischen *Australien, dem nordöstlichen Asien und dem Amerikanischen Kontinent.*
③ Ein Kegel ist *eine geometrische Figur. Eine Halmafigur ist z.B. üblicherweise kegelförmig.*
④ Kreuzritter sind *die Teilnehmer an einem Kreuzzug, mit dem christliche Ritter Jerusalem erobern wollten.*
⑤ Unter Kolonie versteht man *ein Land, das wirtschaftlich und politisch von einem anderen Land abhängig ist.*
⑥ Als Plantagen bezeichnet man *landwirtschaftliche Großbetriebe in warmen Ländern.*
⑦ Schlesien liegt *heute im Südwesten von Polen, früher im Südosten von Deutschland und war in der Geschichte zwischen Polen, Österreichern und Deutschen immer umkämpft. Die größte Stadt ist Breslau / Wroclaw.*
⑧ Napoleon war *Kaiser der Franzosen* und lebte von *1769 bis 1821.*

❹ *individuelle Lösungen*

❺ Das Zuckersorten-Silbenrätsel:
① Puderzucker, ② Gelierzucker, ③ Traubenzucker, ④ Raffinade, ⑤ Vanillezucker, ⑥ Sirup, ⑦ Karamell, ⑧ Kandiszucker, ⑨ Hagelzucker, ⑩ Zuckerstreusel

❻ Eine mögliche Reihenfolge für den Schokoladentext ergibt die Lösung: S(Der Kakaobaum ...)E(Man schlägt ...)H(Das erste Mal ...)R KOE(Ab Ende ...)S(Als eine der ersten ...)TLICH(Weltmeister ...)! = Sehr köstlich!

V Worauf wir nicht verzichten möchten

1 Schief gewickelt oder gut gepampert

❶ *individuelle Lösungen*

❷ *individuelle Lösungen*

❸ *individuelle Lösungen*

❹ *individuelle Lösungen;* Argumentationsstichworte:
Für die Stoffwindel spricht u.a.: Einmal gekauft, ist sie immer im Hause und auch bei mehreren Kindern verwendbar; sie ist in der Regel hautverträglicher und – selbst wenn man die Kosten für Wasser, Strom und Waschmittel berücksichtigt – auf die Dauer der Wickelzeit preiswerter als die Einmalwindel.
Nachteile der Stoffwindel sind der hohe Arbeitsaufwand und das kompliziertere Wickeln. Ferner sind sie ungünstig, wenn man länger unterwegs ist.
Für die Wegwerfwindel spricht: Sie ist praktischer, hygienischer und saugfähiger.
Allerdings ist das Herstellungsverfahren aufwendig und belastet ebenso wie die Entsorgung (Müllberge) die Umwelt.

❺ ESA = European Space Agency / Europäische Weltraumorganisation
NASA = National Aeronautics and Space Administration / Nationale Luft- und Raumfahrtbehörde der USA

2 Immer schön sauber bleiben: die Seife

❶ Die Geschichte der Seife – Zeitleiste:

Ca. 2500 v. Chr.	Die Sumerer schreiben das erste Seifenrezept der Menschheit auf; die Seife dient zum Wäschewaschen und als Medizin.
2. Jahrhundert v. Chr.	Die Römer entdecken die Seife als Mittel zur Körperreinigung.
7. und 8. Jahrhundert	Die Araber entwickeln das Seifekochen zu einer hohen Kunst; über Spanien gelangt sie nach Europa.
Mittelalter	Das Seifensiederhandwerk blüht auf; es gibt Luxusseifen.
16. und 17. Jahrhundert	Waschen gilt als schädlich; man betreibt „Trockenwäsche" mit Puder und Parfüm.
18. Jahrhundert	Wasser und Seife werden als Mittel zur Körperreinigung allmählich wiederentdeckt.
19. Jahrhundert	Entdeckung der Hygiene, des Zusammenhangs von Sauberkeit und Gesundheit.
21. Jahrhundert	Man weiß allgemein, dass regelmäßiges Waschen unverzichtbar ist.

❷ „Immer-schön-sauber-bleiben"-Box

Passt nicht	Oberbegriff /Umschreibung
Fleckensalz	Reinigungsmittel
Mäuse	Parasiten
modern	Verschiedene „Duft"-Noten
Sanatorium	„Wohlfühl"-Begriffe
Perücke	Kosmetikartikel
Schuhe	Toilettenartikel
betasten	„Verdreckungs"-Verben
Fliesen	Sanitärmöbel
glitzernd	Sauberkeitsstufen
Schleim	„Verdreckungs"-Substantive
Reinigungskraft	Zwanghaftes Reinigungsverhalten

❸ Mögliche Route des Seifenkistenrennens:
Seife – Seide – Heide – beide – Beile – Weile – Zeile – Teile – Seile – Feile – Keile – Meile – Meise – leise – Reise – Weise
(und umgekehrt)

❹ *individuelle Lösungen*

3 Gesundheit für alle: ein Job für viele

❶ ① Armut, Unwissenheit bei Ärzten und der Bevölkerung, Schmutz
② Pettenkofer wollte die Städte durch Müllabfuhr und Wasserreinigung lebensfreundlicher machen.
③ Koch entdeckte den Erreger der Tuberkulose.
④ Weil die Kranken sonst die Gesunden anstecken.
⑤ Weil der Mangel an diesen Werten zu Unwissenheit, Abhängigkeit, Unterdrückung, Ausbeutung, Armut etc. führt.
⑥ Sich impfen lassen, sich bewegen, mäßig essen, nicht rauchen, Körperpflege etc.

❷ Formulierungsvorschläge:
① Das Krankenhaus *hatte* 10 Betten.
② So mussten *ständig* Kinder sterben ...
③ Unter Tage arbeiten bedeutet, *wenn man in einem Bergwerk ohne Sonnenlicht schuften muss.*
④ Viele Familien *lebten ärmlich* in einem einzigen Zimmer.
⑤ *Um* 1880 befassten sich viele *Wissenschaftler* mit der Frage ...
⑥ Koch hatte verstanden, dass Bakterien für viele Erkrankungen *verantwortlich sind.*

❸

Cholerabazillus	Diphteriebazillus	Tuberkulosebazillus
So soll er aussehen: *wie ein Komma*	So soll er aussehen: *wie eine Keule*	So soll er aussehen: *wie ein Pflock*

❹ Lösungswort: krank

❺

Heute ungebräuchlich	Moderner
Geselle	Typ
Ergebenster Diener	(evtl.) Guten Tag
... den meinen	meinen Namen
Kehrrichthaufen	Müllhaufen
allerorten	überall
Stube	Zimmer

4 Prima Pilze: Penicillin & Co.

❶ Lückentext:
Bakterien (8x), Cholera, Tuberkulose, Diphtherie, Bakterien
Wanzen, Flöhe, Läuse
Fußpilz, Pilze, Pilz, Pilzsporen
Viren, Viren, Bakterien, Viruskrankheit, Impfen

❷ Mögliche Überschriften:
1. Abschnitt: Die ältesten Lebewesen der Erde
2. Abschnitt: Vom Nutzen der Kleinen
3. Abschnitt: Bakterien: Wie sie leben
4. Abschnitt: Gefährliche Bakterien
5. Abschnitt: Flöhe, Läuse & Co.
6. Abschnitt: Pilze und Sporen
7. Abschnitt: Viren

❸ ① Bakterien.
② Nein, nur wenige schaden den Menschen.
③ Unmöglich.
④ Nein, es gibt z.B. kugelförmige, stäbchenförmige oder spiralförmige.
⑤ Weil sie sich schnell vermehren und den Körper mit ihren giftigen Stoffwechselprodukten überschwemmen.
⑥ Sie vermehren sich viel stärker und überleben auch bei großer Hitze oder Kälte.
⑦ Indem man sich z.B. nach dem Baden gut abtrocknet, keine feuchten Socken anzieht, nicht dieselben Handtücher wie Menschen mit Pilzkranken benutzt usw.
⑧ Nein, Antibiotika und andere Medikamente helfen hier nicht. Sie können das Wachstum der Viren höchstens eindämmen.

❹ *individuelle Lösungen*

❺ Wortbedeutungen:
– Petrischale: *nach dem deutschen Biologen R. Petri (1852–1921) benanntes flaches Glasschälchen – zur Anzucht von Bakterienkulturen*
– Kolonie: *(hier) Bevölkerung*
– Mikroskop: *Gerät, mit dem man sehr kleine Dinge stark vergrößert betrachten kann*
– Wunderwaffe: *etwas, das ganz plötzlich Rettung gegen eine Gefahr bringt*
– resistent: *unbesiegbar, widerstandsfähig*

❻ Wanted: Staphylokokk!
Es ist die Nummer 3, was man an der Kugelform erkennt.

VI Zu guter Letzt

1 Finden & erfinden

❶-❹ *individuelle Lösungen*

2 Wahr oder erfunden?

Stimmt das?
① Nein, Alexander Fleming hat ein natürliches Mittel gegen bestimmte Bakterien gefunden. Vgl. S. 78f.
② Ja, aber in Deutschland nutzt man nur ca. 150 Sorten. Vgl. S. 30ff.
③ Nein. Vgl. S. 35f.
④ Ja, der Gummibär wurde 1922 kreiert. Vgl. S. 54f.
⑤ Nein, die Windelhöschen werden nach dem englischen Verb *to pamper* Pampers genannt. Vgl. S. 66.
⑥ Ja, Otto von Guericke ist Erfinder der Luftpumpe. Vgl. S. 25.
⑦ Nein, das Meerschweinchen heißt so, weil es über das Meer nach Europa gebracht wurde und schweinchenartig quiekt. Vgl. S. 44.
⑧ Nein, das erste Seifenrezept wurde in sumerischer Keilschrift verfasst. Vgl. S. 67f.
⑨ Ja, der Diphtheriebazillus ist ein kommaförmiger Krankheitserreger. Vgl. S. 72.
⑩ Nein, das Wort „Apfelsine" bedeutet „Apfel aus China". Vgl. S. 40.
⑪ Nein, die Indianer heißen so, weil Kolumbus Amerika und Indien verwechselte. Vgl. S. 12f.
⑫ Ja, die Regenjacke in Großbritannien wird noch immer nach ihrem Erfinder Macintosh genannt. Vgl. S. 18f.
⑬ Ja, ein Sapodilla-Baum kann bis zu 3.000 Früchten tragen. Vgl. S. 58.
⑭ Nein, die Stadt Meißen wurde durch ihr Porzellan so berühmt. Vgl. S. 15.
⑮ Nein, Google funktioniert anders. Vgl. S. 26.
⑯ Ja, die Ananas ist schon seit 1690 in Europa bekannt. Vgl. S. 38f.
⑰ Ja, Frau Rad servierte ihren Gästen blutigen Zucker zum Tee. Vgl. S. 61f.
⑱ Nein, der „Alte Fritz" hat nicht die Pommes Frites erfunden; auch wenn man sie „Pomm Fritz" spricht, bleibt das falsch. Vgl. S. 30.

3 Mit den Entdeckungen am Ende?

❶ Neue Welten für die Herren des alten Kontinents
① Die besondere Eigenschaft einer Entdeckung ist für den Verfasser, dass man nichts von ihr weiß, bevor sie gemacht wurde.
② Den Satelliten.
③ Die Russen und Amerikaner.
④ Stefan Ziemendorff entdeckte einen bisher unbekannten Wasserfall, mit 771 Metern der drittgrößte der Welt.
⑤ Gemeint sind die großen Erdplatten, die sich in ständiger tektonischer Bewegung befinden.
⑥ Den Satelliten verborgen ist alles, was unter Dschungel (Urwald), Wasser (Meeresboden) oder Eis (Polkappen) liegt.

❷ Pionierarbeit ist z. B. noch zu leisten im Kampf gegen Krankheiten (Medizin), bei der Seuchen- und Hungerbekämpfung, im Klimaschutz, bei der Entwicklung alternativer Energien und neuer Technologien, in der Astrophysik, im Bereich der Friedensforschung usw.

❸ a) Wenn Benjamin Franklin nicht den Blitzableiter erfunden hätte, müssten wir bei jedem Gewitter fürchten, dass der Blitz ins Haus einschlägt.
b) Wenn Thomas Edison nicht die Glühbirne erfunden hätte, säßen wir vermutlich alle noch bei Kerzenlicht.
c) Wenn Kolumbus nicht Amerika entdeckt hätte, dann wären die Indianer vielleicht noch heute unter sich.
d) Wenn James Watt die Dampfmaschine nicht erfunden hätte, dann gäbe es auch keine Dampflokomotive.
e) Wenn Wilhelm Conrad Röntgen die Röntgenstrahlen nicht entdeckt hätte, so könnte man Knochenbrüche nicht sichtbar machen.
f) Wenn die Chinesen das Porzellan nicht erfunden hätten, so müssten wir alle noch aus Holz- oder Tonschalen essen; hätten sie das Papier nicht erfunden, würden wir noch auf Pergament oder Papyrus schreiben; hätten sie das Schießpulver nicht erfunden, gäbe es keine Feuerwerke.
g) Wenn Johannes Gutenberg nicht den Buchdruck mit beweglichen Lettern erfunden hätte, dann müssten wir die Bücher noch von Hand abschreiben.
h) Wenn Bill Gates nicht die Betriebssysteme MS-DOS und Windows entwickelt hätte, so hätten die Computer nicht fast jeden Haushalt erobert.
i) Wenn Ferdinand Graf von Zeppelin nicht den Zeppelin erfunden hätte, dann hätte es keine fliegenden Zigarren am Himmel gegeben.
j) Wenn Nikolaus Kopernikus nicht herausgefunden hätte, dass die Planeten, auch die Erde, um die Sonne kreisen, würden wir uns bis heute für den Mittelpunkt des Universums halten, und die moderne Astronomie wäre nicht möglich.
k) Wenn Albert Einstein nicht die Relativitätstheorie entwickelt hätte, wären viele physikalische Phänomene unerklärlich.
l) Wenn Berthold Schwarz das Pulver nicht erfunden hätte, würden wir noch mit Pfeil und Bogen schießen.
m) Wenn Michail Kalaschnikow nicht die „Kalaschnikow" entwickelt hätte, ginge es auf der Welt womöglich friedlicher zu.
n) Wenn sich die Gebrüder Wright nicht todesmutig mit einem Motorflugzeug in die Luft geschwungen hätten, würden wir heute vielleicht noch mit Ballon und Luftschiff reisen.
o) Wenn Louis Pasteur die Pasteurisierung nicht entdeckt hätte, würden wir uns heute noch oft an keimbefallenen Lebensmitteln den Magen verderben.
p) Wenn Rudolf Diesel nicht den Dieselmotor entwickelt hätte, gäbe es womöglich keine spritsparenden Autos.
q) Wenn Isaac Newton nicht das Gravitationsgesetz entdeckt hätte, wüssten wir nicht, warum der Apfel zu Boden fällt.
r) Wenn Archimedes von Syrakus nicht das Prinzip des Auftriebs entdeckt und herausgefunden hätte, wie sich das spezifische Gewicht bestimmen lässt, hätte er nicht „Heureka!" (ich hab's gefunden) gerufen.
s) Wenn Marie Curie nicht die Radioaktivität des Urans entdeckt hätte, gäbe es weder Atombomben noch Kernkraftwerke.

❹

Für die Menschheit „gute", nützliche Erfindungen und Entdeckungen	Neutral oder schwer zu sagen – hängt vom Verwendungszweck ab	Für die Menschheit schlechte", schädliche Erfindungen und Entdeckungen
Glühbirne	Entdeckung Amerikas	Schießpulver
Dampfmaschine	heliozentrisches Weltbild	Kalaschnikow
Röntgenstrahlen	Relativitätstheorie	
Porzellan	Gravitationsgesetz	
Papier	Prinzip des Auftriebs / spezifisches Gewicht	
Buchdruck	Radioaktivität	
MS-DOS / Windows		
Zeppelin		
Flugzeug		
Pasteurisierung		
Dieselmotor		

❺ *individuelle Lösungen*

4 Sprichwörtlich

❶ Richtig ergänzt lauten die Sprichwörter und Redensarten:
① Der dümmste Bauer hat die dicksten *Kartoffeln*.
② Was der Bauer nicht kennt, *(fr)isst* er nicht.
③ Der hat wohl nicht alle *Tassen* im Schrank.
④ Das *Ei* des Kolumbus.
⑤ Der ist schwer auf *Draht/Zack*.
⑥ *Scherben* bringen Glück
⑦ Wie ein Elefant im *Porzellanladen*.
⑧ Da ging ihm ein *Licht* auf.
⑨ Der ist wohl schief *gewickelt*.
⑩ Andere Länder, andere *Sitten*.
⑪ Der hat das *Pulver* nicht erfunden.
⑫ Deine Uhr geht nach dem *Mond*.
⑬ Dem muss ich mal auf den *Zahn* fühlen.
⑭ Das blieb ihm ein Buch mit sieben *Siegeln*.
⑮ Wer nichts *wagt*, der nichts gewinnt.

5 Alles Neue wird alt: das Museum

❶ Antwort 3

❷ *individuelle Lösungen*

❸ Annas Brief an Heidi muss mit den korrekten Vorsilben lauten:

Liebe Heidi,
die *Über*fahrt war ganz schrecklich, ewig lang! Die reichen Leute wurden zwar *ver*wöhnt und hatten viel Platz, aber wir saßen da total *ge*drängt und wurden dauernd *herum*geschubst. Ach ja, und vorher war noch so eine *Auf*regung, weil meine Mutter die Pässe *ver*legt hatte. Wir haben sie überall gesucht und dann stellte sich heraus, dass sie schon *ein*gepackt waren! Als wir endlich *an*gekommen sind, mussten wir durch die Kontrolle für *Ein*wanderer: Da wurde alles gründlichst *durch*sucht; sogar meine Puppe haben sie *ab*getastet. Mein Onkel Bill (eigentlich heißt er ja Wilhelm, aber hier wird er Bill *ge*nannt) hat uns zum Glück *ab*geholt. Fürs Erste sind wir bei ihm *unter*gekommen, aber es ist so eng bei ihm, dass wir sobald wie möglich *aus/um*ziehen wollen. Gestern wollte ich draußen spielen und habe mich sofort in dem Straßenwirrwarr *ver*irrt. Ich hab mich völlig *ver*laufen. Als ich endlich zu Onkel Bills Haus zurückfand, hat meine Mutter mich ziemlich *aus*geschimpft. Hier ist alles anders als zu Hause, aber das *be*schreibe ich das nächste Mal. Ich *ver*misse dich sehr!

Deine Anna

❹ Heidis Antwortbrief lautet in korrekter Rechtschreibung:

Liebe Anna,
vi**e**len Dank für deinen Brief! Das ist das erste Mal, dass ich Post aus dem Ausland bekom**m**en habe, und dann **g**leich von so weit her. Ohne dich ist es ziemlich langweilig, in der **S**chule und auch am Nachmi**tt**ag. Neulich habe ich deine Tante geseh**e**n, als sie über die Hauptstra**ß**e ging – wir haben uns dann ein bi**ss**chen unterhalten, aber sie vermi**sst** euch auch so. Die le**tz**ten Arbeiten in **D**eutsch waren leider eine Katastro**ph**e, weil du nicht**,** wie sonst immer**,** mit mir üben konntest. Das Ergebni**s** schreibe ich dir vielleicht besser **g**ar nicht. Aber im **R**echnen war ich gut. Wie ge**h**t es dir mit der neuen Sprache? Der **H**ans aus der **P**arallelklasse ärgert mich je**tz**t immer. Schade, dass du mir nich**t** gegen ihn helfen kannst. Bin gespan**nt** auf deinen n**ä**chsten Bericht.

Deine Freundin Heidi

❺ ① Dinge gelangen ins Museum, weil sie sehr alt sind – sie sehr kostbar sind – sie einzigartig sind – sie selten/exotisch sind – sie seltsam/kurios sind – sie typisch/durchschnittlich sind – mit ihnen eine Geschichte verknüpft ist – sie einer bekannten Persönlichkeit gehörten oder von ihr stammen
② Es gibt unzählige Arten von Museen. Die wichtigsten Typen sind:
Kunstmuseum, Völkerkundemuseum, Industriemuseum, Technikmuseum, Naturkundemuseum, Historisches Museum (in dem einzelne Etappen der historischen Entwicklung, die nationale oder regionale Geschichte dokumentiert wird), Literatur- und Gedenkmuseen (im Andenken an Schriftsteller oder andere prominente Persönlichkeiten), Schatzkammer, Raritätenkabinett, Gedenkstätten (zum Gedenken an ein bestimmtes historisches Ereignis) usw.

❻ *individuelle Lösungen*

A. Hartmann/S. Klöver: „Die Geburtsstunde der Gummibärchen"
© Edition MoPäd

Literaturhinweise

S. 30   *Kulturgeschichte der Kartoffel:* http://de.wikipedia.org/wiki/Kulturgeschichte_der_Kartoffel.

S. 33   Joachim Ringelnatz: *Abschiedsworte an Pellka.* In: Ders., *Und auf einmal steht es neben dir. Gesammelte Gedichte.* Franfurt/M. [u.a.] 1970.

S. 33   *Anleitung zum Kartoffeldruck:* www.tivi.de/fernsehen/loewenzahn/artikel/00189/index2.html.

S. 35   Tim Ackermann: *In der Spur des Menschen. Biologische Invasionen.* In: Märkische Allgemeine Zeitung vom 20.05.2006 (gekürzt und leicht vereinfacht).

S. 43   Heinz Erhardt: *Warum die Zitronen sauer wurden.* © 2003 *Das große Heinz-Erhardt-Buch,* Lappan Verlag Oldenburg.

S. 47   Georg Rüschemeyer: *Ich Flipper, Du Jane.* In: Westdeutsche Allgemeine Zeitung, 9.9.2006.

S. 59   Verfasser unbekannt: *Aus England kommt die Kaugummisteuer.* In: Die Welt vom 30.11.2005 (www.welt.de/data/2005/11/30/810881.html).

S. 72   Kurt Ewald: *Mutter Natur erzählt.* Stuttgart: Kosmos ca. 1910, S. 188–205 (stark gekürzt).

S. 82   Heinz Erhardt: *Vom Alten Fritz.* © 2003 *Das große Heinz-Erhardt-Buch,* Lappan Verlag Oldenburg.

S. 83   Marcus Jauer: *Suche nach den grauen Flecken.* In: Süddeutsche Zeitung Nr. 116, 20./21. Mai 2006

Kreativ Deutsch unterrichten!